Wilhelm Tappert

Ein Wagner-Lexikon : Wörterbuch der Unhöflichkeit

Wilhelm Tappert

Ein Wagner-Lexikon : Wörterbuch der Unhöflichkeit

ISBN/EAN: 9783743609990

Hergestellt in Europa, USA, Kanada, Australien, Japan

Cover: Foto ©Paul-Georg Meister /pixelio.de

Wilhelm Tappert

Ein Wagner-Lexikon : Wörterbuch der Unhöflichkeit

Ein

WAGNER-LEXICON.

Wörterbuch der Unhöflichkeit

enthaltend

grobe, höhnende, gehässige und verläumderische Ausdrücke

welche gegen den

Meister Richard Wagner

seine Werke und seine Anhänger

von den Feinden und Spöttern gebraucht worden sind.

Zur Gemüths-Ergötzung in müssigen Stunden

gesammelt von

Wilhelm Tappert.

Leipzig.

Verlag von E. W. Fritzsch.

1877.

Grossgünstiger Leser!

Wenn die Gemüther erhitzt sind, da spinnen die Zungen keine Seide; Du musst also manch' groben Faden, manch' unfläthig Zeug ruhig hinnehmen, sintemal ich ja nicht ein Sterbenswörtchen erfunden, sondern Vorhandenes nur getreulich gesammelt und stets einer unverfälschten Wiedergabe mich befleissigt habe. Wundert es Dich etwa, dass der Erste, Beste s o mit dem Ersten und Besten der Gegenwart redet, wohlan, nimm nur nicht mic h beim Wickel, sondern fasse die wahren Uebelthäter am Schopf! Wohlwollender Leser! falls aber Deine Hand es nicht wagt, sich auszustrecken gegen liebgewonnene „Häupter", sei es, dass ihnen die leuchtende Strahlenkrone der Unfehlbarkeit „ringsum" sitzt, oder weil das finsterblickende Augenpaar eines kritischen Jupiter Dich überhaupt einschüchtert, — dann schiebe getrost alles Unrechte, was da geschah und leider noch immer geschieht, der guten Frau Zeit in die Schuhe. Ja, ja, die Zeit wird schuld sein, in der Luft wird es liegen, gleich einem „Miasma der Grobheit", wie käme es sonst, dass wir überall die Unsitte als Hauptwaffe verwendet finden im Kampfe gegen den erhabenen Meister Richard Wagner?

Der blinde Hass, mit welchem der grünschnäblige Mesnick-Quartaner, wie der ehrengraue Professor ins Feld rücken, will kaum eines der Gesetze anerkennen, welche sonst unter gebildeten Leuten zu Recht bestehen. Die rückständigsten Formen der Pöbelhaftigkeit, die impertinentesten Bêtisen der Unwissenheit werden mit Behagen gepflegt und verwendet. Wäre begeifern soviel als widerlegen, und schimpfen gleichbedeutend mit beweisen: dann allerdings hätte Wagner seine künstlerische Existenz schon seit langer Zeit verwirkt.

Soviel als Vorwort, — und nun — zur Sache!

Motto: Viel Schimpf, viel Ehr'!

Alter Spruch.

„Das muss allerdings ein grosser Mann sein, gegen den seit zwei Dezennien eine ganze Welt kämpft."

M. Gutmann. 1869.

A.

Abderiten, moderne, werden die Anhänger Wagner's genannt, die Berliner Musikzeitung „Echo“, Jahrg. 1873, Nr. 5, will ihre „Kabriolen“ während der Anwesenheit des Meisters gesehen haben.

Abstand. „Zwischen einem geistreichen Manne und einem Zukunftsmusiker — welch ein Abstand!“ (Als schlagende Sentenz eines „geistreichen“ Gesinnungsgenossen citirt in der „Vossischen Zeitung“, Berlin 1856, 13. September, von Otto Lindner.)

Abstrus, — häufig als Haupt-Kennzeichen der Wagner'schen Werke angeführt.

Absurdität. „Das Gedicht ist in jeder Beziehung eine Absurdität, die Musik, mit Ausnahme einiger Partien, das raffinirte Gebräu einer abgelebten, krankhaften Phantasie.“ (Ed. Schelle über „Tristan“, 1865.)

Absurditäten erkennt Moritz Hauptmann (Brief an O. Jahn) in der Art und Weise, wie es bei Wagner in den Accorden und im Metrischen „herumfaselt“.

Affe. „Wagner, dem nie ein musikalischer Gedanke aus der Tiefe der Seele quillt, ist ein kluger Nachahmer wirklicher Vorgänge, seine Musik ist der geschickte Affe der Realität.“ (Speidel, Wiener „Fremdenblatt“, 20. August 1876.)

Affenschande. „Als das Bayreuther Festspiel noch im Werden begriffen war, als die werkthätige Begeisterung der Adepten auch kühlere Naturen mit sich fortriss, da konnte man meinen, dass das deutsche Volk mit der Sache zu schaffen habe. Aber nein, nein und dreimal nein, das deutsche Volk hat mit dieser nun offenbar gewordenen musikalisch-dramatischen Affenschande nichts gemein, und sollte es an dem falschen Golde des ‚Nibelungen-Ringes‘ einmal wahrhaftes Wohlgefallen finden, so wäre es durch diese blosse Thatsache ausgestrichen aus der Reihe der Kunstvölker des Abendlandes". (L. Speidel im Wiener „Fremdenblatt", 15. Oct. 1876. Schlusswort über das Bühnenfestspiel in Bayreuth.) — Nach der Grundsteinlegung (Mai 1872) schrieb derselbe Herr Speidel wörtlich Folgendes: „Richard Wagner's Sache ist von der Deutschen Sache nicht mehr zu trennen. — — Für die Deutschen ist es nicht leicht, ein grosser Mann zu sein, dem sie rückhaltslos Verehrung und Liebe zollen. — — Dass Richard Wagner der erste Operncomponist unserer Zeit, ist unbestritten. — — Abgesehen vom Werthe oder Unwerthe der Wagner'schen Musik, so besitzt sie doch eine positive Eigenschaft: sie ruft Begeisterung hervor, Begeisterung in den weitesten Kreisen, Begeisterung im ganzen deutschen Volke, soweit es das Operntheater besucht. — — Das deutsche Volk sieht in Wagner's Opern seine zeitweiligen Ideale verwirklicht, und wer sie ihm nehmen wollte, würde diesem Volke ein Stück Seele aus dem Leibe reissen. — — Man kann Wagner's Sache von der deutschen Sache nicht mehr trennen." (Wie reimt sich das zusamm'?)

Albernheit. „Ein Berg von Albernheit und Plattheit in Wort, Geberde und Musik sind die ‚Meistersinger'." („Signale".)

Algebraisch. „Solche algebraische Harmonien können höchstens in Deutschland und auch nur in Deutschland reüssiren; hier will man Melodie und Gesang, keine deklamirenden Sänger." (Mailänder „Pirat" nach dem angeblichen „Lohengrin"-Fiasco. Abgedruckt im „Echo", 1873, Nr. 14.)

Alliterationsgestotter. „Bombastisches Alliterationsgestotter" nennt Ed. Hanslick den Text zum „Rheingold".

Alter-Weiber-Sommer. „Als musikalischer Alter-Weiber-Sommer erscheinen die ‚Meistersinger', verglichen mit dem Mozart'schen Töne-Frühling: ‚Figaro's Hochzeit'." (1872.)

Anhänger. Schmäht die Welt den Propheten, dann werden auch die Anhänger desselben unglimpflich behandelt. In den fünfziger Jahren hörte man den Vorwurf: die neue Richtung entstamme dem (verruchten) Jahre 1848. Man sprach von Atheismus, sittlicher Entartung und Umsturz. Die Freunde Wagner's wurden als Atheisten, Entartete, Revolutionäre gebrandmarkt. Hans von Bronsart bemerkt in der Nachschrift zu seinen „Musikalischen Pflichten", 1858, S. 37: „Wir sind immer als Pygmäen, Barbaren, Vandalen, Saracenen, Normannen, Hocus-pocus- und Skandalmacher, Querköpfe, tönende Götzen, Rand- und Bandlose, Lohnpfotenhauer, gefährliche Leute u. s. w. u. s. w. betitelt und natürlich der völligen Gesetzlosigkeit, der maasslosen Ueberschwänglichkeit, dem grobsinnigen Taumel, hohlem Scheinwesen, barockem Ungeschmack, flachem Coquettiren, frechem Lärmen u. s. w. überantwortet." Auf S. 12 derselben Broschüre heisst es: „gehören Bemerkungen wie Vandalen, Pygmäen, Charlatane, Dulcamara, Barbaren, kleine blinde Leute u. s. w. u. s. w. nicht zu den Schmähungen der Böswilligkeit?" Im Jahre 1861 äusserte sich der Pariser Scudo folgendermaassen: „Die Anhänger Wagner's sind zum grössten Theile Schriftsteller, Maler, Bildhauer, Dichterlinge, Advokaten, Demokraten, Geistreichler, Frauen ohne Geschmack, unbedeutende Träumerinnen." Nach der „Tristan"- Aufführung in Berlin, März 1876, gestattete sich Herr Robert Lienau, Besitzer und Redacteur des „Echo", folgende Behauptung: „Der Anhang Wagner's besteht aus hysterischen Mänaden und entnervten Corybanten." (,,Echo", 1876, Nr. 13.)

Anrüchig. Joachim lehnte 1870 die Einladung des Wiener Beethoven-Fest-Comité's ab, weil R. Wagner ebenfalls aufgefordert worden war. „Echo" macht dazu folgende Bemerkung: „Das unbestrittene Recht eines Privatmannes, Gesellschaften mit anrüchigen Elementen zu vermeiden, wird doch einem Künstler am allerwenigsten verwehrt werden dürfen."

Aprilfisch. „Nie wird ein Aprilfisch besser bezahlt!" Anspielung auf den Tag der ersten Aufführung in Berlin und die hohen Preise, welche am 1. April 1870 für Billets zu den „Meistersingern" gefordert und gezahlt wurden.) Der Referent fügt — im Berliner „Theater-Diener" — hinzu: „Mundus vult decipi" etc. Im „Sporn", dem Centralorgan für Turf und Sport, für welches derselbe Kritiker (H. Truhn!) berichtete, findet sich nach dem Aprilfisch der Zusatz: ein wahrer Leviathan!

Aquarium. Die Leipziger „Tonhalle" brachte 1869 einen Bericht aus München über die ersten Aufführungen des „Rheingold", darin befand sich folgende Stelle: „In der Einleitung und der darauffolgenden Wassermusik — der sogenannten Aquariums- Scene — wird der Hörer verhältnissmässig am meisten befriedigt." Wilhelm Mohr schreibt 1876 über die erste Scene des „Rheingold": „Im Uebrigen ist die Scene ohne besondere Erschütterungen vorüber gegangen; wir haben ein hübsches Aquarium gesehen, haben sanfte, malende Musik dazu vernommen" u. s. w.

Attentat. „Das tollste Attentat auf Kunst, Geschmack, Musik und Poesie, welches je dagewesen, ist die Keilerei in den ,Meistersingern'." (Ferdinand Hiller, 1870.)

Arm an Ideen, wie kein Componist vor ihm, ist Wagner. („Rich. Wagner u. Jak. Offenbach", Altona, 1871.)

Aufgedonnert. „Der eitle, mit allen Schneiderkünsten auf-
gedonnerte Ehrenbürger von Bayreuth." (Martin Greif, „Neue
freie Presse", 1874.)

Ausgefüttert. „Wagner lässt seine Halbgötter philoso-
phiren und zu endlosen Wechselreden setzt er eine endlose, mit
Motiven ausgefütterte Musik." („Echo", Nr. 39, 1876. Bericht eines Ungenannten über die Festspiele.)

Ausgemergelt. „Die Grazien, diese abgefeimten Spitz-
bübinnen, wissen sehr wohl, dass alles Vorhergehende nicht genügen
konnte, um ein ausgemergeltes Liebespaar zu neuem
Sinnengenuss aufzurütteln; so predigen sie denn unverzagt den
Dienst des Gottes Priapus in lesbischen Liedern und sofort zeigt
sich die Jungfrau Europa auf dem Rücken des mit Blumen ge-
schmückten weissen Stieres" u. s. w. (H. Dorn, über die neue
(umgearbeitete) Scene des „Venusberges", 1876.)

B.

Baalspriester, in verzücktem Veitstanz schwärmend, sind
nach Paul Lindau die Anhänger Wagner's.

Bacherl. „Selbst Bacherl blieb als Stilist weit hinter
Wagner zurück." (Ed. Hanslick.)

Bayreutherbude nannten die „Signale" (1872, Nr. 21.)
das Wagner-Theater in Bayreuth.

Bayreuther Schule, Umschreibung für Zukunftsmusik.
„Arme Parteigänger der Bayreuther Schule!" Dieser Seufzer galt
den Anhängern Wagner's.

Bayreuther Central-Wigalaweia nannten die „Wiener
humoristischen Blätter" (Mai 1876) die Aufführung der
„Nibelungen" in Bayreuth.

Ballhorn. „Johann Ballhorn, zu einem solchen hat sich
Richard Wagner herabgewürdigt." (Altonaer Broschüre, 1871.)

Bande. „Eine gemeine Bande" nannte der Berliner
Professor und Musikdirector X. die Anhänger Wagner's. (1874.)

Bazar. „Für den Bazar zu Gunsten des Wagner-Theaters
in Bayreuth sind uns die nachfolgenden Gegenstände zugegangen,
welche wir an die Haupt-Almosen-Empfangsstelle demnächst ab-
liefern werden:

1. Cigarrentasche aus gesprengten Trommelfellen.
2. Clavier-Auszug aus der Oper .Cosima fau tutti' von
Hans v. Bülow. Bearbeitet vom Collectanten.
3. Posaunisten-Bruchband mit dem aufgedruckten
Finale des 2. Aktes der ,Meistersinger'.
4. Eine Garnitur Gehör-Wattons für ,Walkyren'-
Besucher etc. (.Berl. Montagszeitung", 1874, 4. Mai.)

Beireiterin. Die „Berl. Montagszeitung" vom 16. Juni
1874 enthielt folgende „höfliche Bitte":

„Sämmtliche berühmte Maler des In- und Auslandes
ersuche ich freundlichst, so galant zu sein, mir ihre Kunst und
Zeit opfern und Werke von ihrer Hand schenken zu wollen,
da mir meine Geschmacksrichtung die schwere Pflicht auferlegt,
diese Werke zu verkaufen und das durch sie gelöste Geld zum
Bau eines von einem Componisten zu seiner Verherrlichung pro-
jektirten Theaters zu verwenden."

Eine Beireiterin.

Berserker. Haarbuschige, zukunftsgläubige, streitende Berserker sah L. Pietsch im Berliner Wagner-Concert am
5. Mai 1871.

Biedermayer. „Landgraf Herrmann Biedermayer", so
nannte Ed. Hauslick 1865 den Landgrafen im „Tannhäuser".

Blech ist das vorherrschende Material der Schriften und
Opern Wagner's. — In den „Applaus-Studien", welche das
„Sonntagsblatt der Berliner Bürgerzeitung" vom 5. März 1876
enthielt, findet sich folgender Satz: „Was dem Fisch das Wasser
und dem Vogel die Luft, dem Lappländer das Rennthier und dem
Araber das Kameel, der Türkei die Anleihen, dem Papste der
Segen und Richard Wagner das Blech: das und noch mehr
als das, ist dem Schauspieler der Applaus."

Blech-Composition nennt „Echo" (1873, Nr. 26) das
Gedicht Wagner's: „Grabschrift für Tausig".

Blendwerk. „Die Bilder, welche der Zauberspiegel in der
Hand seines obersten Magus (Wagner) uns zeigt, sind den Einen
welterlösende Offenbarungen, den Andern phantastisches Blendwerk der auf den höchsten Thron der Kunst erhobenen Sinn-
lichkeit." (Gumprecht, 1875.)

Blödsinn. „Der kritische Blödsinn erreicht seinen Zünd-
gipfel, wenn es bei Wagner heisst" u. s. w. (E. M. Oettinger, 1869.)

Blösse. „Tristan ist die in Musik gesetzte Blösse."
(L. Ehlert, „Deutsche Rundschau", 1876.)

Blutrünstig ist nach Hanslick's Meinung das Vorspiel zu den „Meistersingern".

Böotier-Ohren hat die Clique, welche den wahren Musikfreunden den Genuss an Meyerbeer's genialer Musik zu „Struensee" durch Ausfälle verkümmern will. („Echo", 1871, Nr. 23.)

Bombastisch. „Richard Wagner's grosse, tragische, bombastische Oper „Rienzi", dieses Opernmonstrum! Der musikalische Werth der Partitur ist gleich Null und steht tief unter den Bellini'schen Kunstleistungen. Dass sich ein so geistloses Product noch auf der Bühne zu erhalten vermag, ist ein trauriges Zeichen der Geschmacksverirrung der Gegenwart." („Echo", 1871, Nr. 22.)

Bratschenstimmen nennt H. Dorn die Gesangs-Partien des Tristan und der Brangäne.

Brei. „Ein lyrischer Brei ist das Vorspiel und der Schlusssatz (Liebestod) aus ‚Tristan und Isolde'." (Speidel im Wiener „Fremdenblatt", 1872.)

Breitspurig. „Das breitspurige Hin- und Widerreden, jenes Recitiren, dessen Einführung wir Wagner zu verdanken haben, wo Apoll auf einem Bauernwagen durch die trostlosesten Sandwege karrt." (Lienau im „Echo", 1872, Nr. 16.)

Bretterzaun. „Meyerbeer vereinigte die deutsche Wahrheit im Ausdruck mit der italienischen Cantabilität und mit der französischen Anmuth und Leichtigkeit. Dies ist eine schwierige, für Diejenigen, welche nicht über den Bretterzaun der Nationalität hinweg zu sehen vermögen, unlösliche Aufgabe." („Echo", 1875.)

Brutal, der einzig richtige Ausdruck für die Musik zum zweiten Finale der „Meistersinger". (Dorn, Castan u. A. 1870.) Brutaler Zukunftsmusiker wird R. Wagner von H. Truhn genannt Schon im Jahre 1861 tadelt der Pariser Schriftsteller Szarvady die brutal klingenden Effecte, welche er im „Tannhäuser" entdeckt hatte.

C.

Cagliostro der Tagesmusik nannte Karl Gutzkow in einem Artikel der „Neuen Freien Presse" (1873, Nr. 3181) Richard Wagner.

Cancan. Nach dem Urtheile des Cavallerie-Offiziers in Paul Heyse's „Kindern der Welt" ist Wagner's Musik nichts weiter als ein pathetischer Cancan.

Carrikatur. „Eine Carrikatur von Musik ist die stark mit Blech gefütterte Oper ‚Lohengrin‘.“ (— y, d. i. Kossmaly, im „Echo“, 1873.)

Casserollengerassel. — „Die sogenannte Zukunftsmusik mit ihren Effecten, wie sie Casserollengerassel und zusammenstürzendes Porcellan hervorbringen.“ (Pariser „Figaro“, 1869, nach der ersten Pariser Aufführung des „Rienzi“.)

Chaos. Ein Chaos von kombinirten Klangwirkungen ist die Oper „Lohengrin“. (Fétis, Biographie universelle, 2. Aufl.) J. Stettenheim in Berlin gab 1873 folgendes Gutachten über die „Tristan“-Einleitung ab: „Ein wüstes Chaos von Tönen ist das Vorspiel zum ,Tristan‘. Es war, als sei eine Bombe in ein grosses musikalisches Werk gefahren und habe alle Noten über- und untereinander geworfen“. — André Giovanoly behauptete 1876 nach den Aufführungen in Bayreuth: „Der Wagnerismus ist das freiwillige Chaos.“

Chargé d'affaires des heiligen Gral, als solcher renommirt Lohengrin mit seiner überirdischen Heimath, — behauptet Kossmaly im „Echo“, 1873, Nr. 13.

Charlatan. „Wagner spannt die Phantasie gewaltsam an, nicht durch das Medium des Gemüths und des Gewissens, wie alle grossen Dichter und Componisten, sondern unmittelbar, wie alle Romantiker, Charlatane und Magiker.“ (Julian Schmidt, 1858?). „Dreiste Musik-Charlatane werden in Berlin fetirt.“ (So klagte der „Beobachter an der Spree“ nach dem Festessen zu Ehren Wagner's; Berlin, Mai 1871.)

Charognerie in Noten, so nannte H. Truhn in No. 15 des „Sporn“. Jahrg. 1870, die Prügel-Scene im 2. Akte der „Meistersinger“.

Christjan, ich dulde — corrumpirte Fassung von „Tristan und Isolde“. („Berl. Montagszeitung“, Januar 1876.)

Conte bleu, ein Kindermärchen, nannte Pierre Scudo 1861 den „Tannhäuser“.

Circus-Komödie, als solche bezeichnet Dullo die „Nibelungen“.

Circusmusik ist die Ouverture zum „Rienzi“. („Echo“, 1872, No. 44.)

Circusspiele wurden 1872 die Festspiele genannt.

Concilium Bayreuthianum, ein solches erblickt Dr. W. Mohr prophetisch in der Aufführung der „Nibelungen“. (1872!)

Contrapunktirer. „Ein wüster Contrapunktirer ist Richard Wagner." (Puschmann.)

Curiosum. „Der ‚Lohengrin‘ ist, als consequente Durchführung eines, wenn auch falschen Prinzips, gewissermaassen literarhistorisch interessanter, als der ‚Tannhäuser‘. Er hat den Werth eines Curiosums, und dies ist wenigstens für den Kritiker etwas." (G. Engel, in der „Niederrheinischen Musikzeitung", 1859.)

D.

Dalai Lama. „Wagner's Unglück ist, dass er sich nicht nur für den Dalai Lama selbst hält, sondern auch für Dalai Lama's Oberpriester in Einer Person, und daher jedes seiner Excremente für den Ausfluss seiner göttlichen Eingebung." (H. Dorn, 1865.)

Deklamationsmaschinen. — für solche und nicht für Sänger schreibt Richard Wagner. (R. Wüerst.)

Dekorativ. „Wagner ist weder ein grosser Dichter noch ein grosser Musiker, sondern nur ein dekoratives Genie." (Ed. Hanslick, 1858.)

Delirium. „Hier mündet Wagner im Delirium!" versicherte Bagge 1861, als ihm der Clav.-Ausz. von „Tristan und Isolde" bedauerlicherweise in die Hände gerieth. „Das höhere Delirium prägt sich in der Brochüre gegen die Juden von der ersten bis zur letzten Zeile aus." (A. Fränkel.)

Vom Delirium durchweht ist die Wagner'sche Musik. („Echo", 1873, Nr. 31.)

Demonstration. „Die Tannhäusermusik ist Nichts als eine speculative Demonstration." („Echo", 1856.)

Deutschthümler. — „In einen Deutschthümler und echten Christen verwandelte sich der Demokrat Wagner." (M. Gutmann, 1869.) — „Streifen Sie Ihr national-romantisch-deutschthümelndes Element ab, um es nicht mit Schopenhauer ‚christlich-germanische Dummheit‘ zu nennen." (Eduard Friedemann, 1869.)

Dilettant. Schon Mendelssohn erblickte in Richard Wagner nur einen geistreichen Dilettanten. Robert Schumann äussert sich in einem Briefe an Carl v. Bruyck, datirt 8. Mai 1853, über Wagner's Opern: „Wagner ist, wenn ich mich

kurz ausdrücken soll, kein guter Musiker, es fehlt ihm an Sinn
für Form und Wohlklang." „Die Musik, abgezogen von der Dar-
stellung, ist gering, oft geradezu dilettantisch, gehaltlos und
widerwärtig." — Laube nannte 1868 die Dichtung der „Meistersinger": „den Text eines Dilettanten voll grimmiger Ecken und
Härten." — In Otto Jahn's Artikel über „Tannhäuser" steht
folgender Satz: „Wagner ist mit seinem vielseitigen Talent für
Poesie, Musik, bildende Kunst etc. ein Repräsentant des auf
unserer heutigen Bildung ruhenden Dilettantismus, wenn man
diesen Ausdruck im Allgemeinen nimmt." — Im Jahre 1846 war
Hanslick entzückt über den „Fliegenden Holländer"*), 13 Jahre
später hielt er es für erspriesslicher, ins Lager der Feinde über-
zugehen: „Wo die Oper des schildernden Elements sich begiebt,
wo sie aufhört ‚Marine' und anfängt ‚Musik' zu werden, da
stehen Wagner's Blössen in hellem Licht: Die Armuth seiner
Erfindung und das Dilettantische seiner Methode." (Eduard
Hanslick, 1859.)

Wagner wurde lange Zeit für keinen „richtigen Musiker"
gehalten. Ein „Kurbrief aus Wiesbaden", welchen die „Signale"
(1860, Nr. 32) veröffentlichen, drückt die damalige Stimmung so
aus: „Man muss im Ganzen und Grossen daran verzweifeln, dass
Wagner je ein wahrer Musiker werde. Alles, was von absolut-
musikalischer Potenz ausgehen muss, ist nun einmal seine Sache
nicht und kann es nicht sein, da ihm die natürliche Anlage zum
Musiker, das Nichtanzulernende schlechthin fehlt."

Nach dem grossen Concerte, welches Wagner am 14. Decbr.
1864 im Hoftheater zu München leitete, dessen Programm u. A. die
Faust-Ouverture, Stücke aus den „Meistersingern", aus „Tristan",
„Walküre" und „Siegfried" enthielt, wurde in gegnerischen Kreisen
die Parole neu ausgegeben: „Wagner ist mehr Poet als
Musiker." — Auch Albert Wagner, des Meisters ältester
Bruder, war stets der Ansicht gewesen, „dass es mit der Musik
nichts sei! Dichten, ja das kann er!"

G. Engel recensirte 1872 eine Aufführung der Cherubini'schen
„Medea" in Berlin („Vossische Zeitung", 1. Novbr. 1872), er
erkennt bei dieser Gelegenheit die dramatische Einheit, die Gleich-
mässigkeit der Farbe, die Consequenz der Entwickelung in Wagner's
Opern an, macht aber zuvor die einschränkende Bemerkung: „so
viel er auch gegen die musikalische Gestaltung im Einzelnen
sündigen, so viel ihm auch zu einem eigentlichen Musiker
fehlen mag."

In Nr. 115 des Jahrgangs 1873 war in der „Kölnischen

---

*) Die Musik des „Fliegenden Holländer" ist eine der poesiereichsten
herzgewinnendsten Musiken der Neuzeit. (Ed. Hanslick, 1845.)

Zeitung" Folgendes zu lesen: „Wie Wagner in allen möglichen Dingen herum dilettirt hat, in der Politik, in der Philosophie, in der Aesthetik, so ist er auch in musikalischen Dingen nicht über diesen Standpunkt hinaus gekommen."

Nach einem Wagner-Concert liess sich (angeblich!) die (vorgebliche!) Musikzeitung „Echo" aus Hamburg schreiben: „Ob seine (Wagner's) Anwesenheit, die Vorführung seiner Werke und seiner Person, sein Verkehr mit den Künstlern des Orchesters und mit dem Publikum dazu beigetragen haben werden, die Zweifel gegen seine Künstlerschaft zu vernichten; ob man ihm auch jetzt den Vorwurf eines Dilettantismus nachschleudern wird, der eben nur als solcher die dilettantische Masse an sich ziehe und ergötze, wer weiss es?"

Richard Wagner acceptirt in launiger Weise die Bedenken der Herren vom Fach. Man findet in seinen Gesammelten Schriften (Band V, S. 154 ff.) aus dem Jahre 1854 folgende Stellen: — „ich dilettantischer Musiker!" — „Ich Uneingeweihter in die Geheimnisse der eigentlichen, zünftigen Tonkunst!" Er nennt sich einen „armen Dilettanten und einseitigen Laien". Winckelmann behauptete von sich: „Ich bin ein wildes Kraut, meinem eigenen Triebe überlassen aufgewachsen", und Wagner dankt (1851) dem glücklichen Zufalle, nicht erzogen worden zu sein, im modernen Sinne nämlich. Aus einem Gespräch, welches ich 1873 mit dem Meister hatte, ist mir folgende Aeusserung im Gedächtniss geblieben: „Sie dürfen nicht vergessen, ich bin kein gelernter Musiker!"

Dissonanz-Musik nannte Dr. Ed. Schmidt 1856 in einem Artikel über „Tannhäuser" die Wagner'sche Musik überhaupt, er prophezeite ihr den Todesstoss nach den beiden ersten Aufführungen. — Ein Dissonanz-Opus sind die „Meistersinger". („Berliner Montagszeitung".)

Dompfaffe. „Wie ein halb übergeschnappter Dompfaffe schimpft Richard Wagner auf die jüdischen Componisten, weil sie bessere Musik machen, mehr ursprüngliches Talent, mehr naturwüchsiges Genie und nebenbei auch mehr Geld haben." (Ed. M. Oettinger, 1869.)

Don Quixote, — ein sehr beliebter und weit verbreiteter Titel für Richard Wagner.

Dreck. In Berlin, dem Sitze der Intelligenz, wurde 1857 folgender Witz erzählt und auf den Schöpfer des „Tannhäuser" angewendet: In einer kleinen Stadt war viel Schnee gefallen, welche Calamität den Magistrat zu dem Beschlusse veranlasste: die Beseitigung dem Mindestfordernden zu überlassen. „Ich schaffe den Schnee umsonst weg!" mit diesen Worten meldete sich der verlumpteste Bewohner des Ortes. — „Wie so?" fragte der Bürgermeister. — „Warten Sie nur bis Pfingsten, dann geht er als — Dreck fort!"

Dukatenmänner, s. Kindertrompeten.

E.

Ecorcherie. „Wenn Musik stinken könnte, so würde man sich bei dieser ‚Ecorcherie in Noten' die Nase zuhalten müssen." (H. Truhn, „Berliner Montagszeitung", 1870, Verurtheilung der Prügel-Scene in den „Meistersingern".)

Etwas zarter drückt sich Ed. Hanslick in seiner „Geschichte des Concertwesens in Wien" aus, wenn er von jenem „scharf prickelnden Dufte" spricht, „den das Wildpret ausströmt, wenn es nach Vergangenheit, und die Musik, wenn sie nach Zukunft riecht."

Eddamüde. „Schade, dass Ibsen's ‚nordische Heerfahrt' so manche Anklänge an die Nibelungensage enthält, was der Zugkraft der Novität wesentlich Eintrag thun dürfte; denn das Wiener Theater-Publikum ist durch Bayreuth so sehr eddamüde geworden, dass es sich vor den überlebensgrossen Heroengestalten am liebsten in die christlich-semitischen (!) Operetten-Theater flüchtet." (L. Speidel[?], Wien, November 1876.)

Eitelkeit, bodenlose u. s. w. Ein oft gehörter Vorwurf.

Einspänner. „Herr Müller ist uns als Mensch und Künstler (viel zu sympathisch, als dass wir ihm nicht rathen sollten, den gefiederten Einspänner so bald als möglich wieder abzudanken." (Ed. Hanslick über die „Lohengrin"-Aufführung, Wien, 15. Febr. 1875.)

Eklektiker, mit schwacher musikalischer Inspiration, aber starkem Ehrgeiz begabt, ist Rich. Wagner. (Dr. W. Mohr, 1872.)

Eldorado für singende Naturalisten sind Wagner's Opern „Neue Berliner Musikzeitung", März 1872.)

Elixirliebe. „Dieses fieberglühende Stück, in welchem jeder Blutstropfen bis zur Siedhitze destillirt wird, diese Tragödie der Elixirliebe." (L. Ehlert, Bericht über „Tristan und Isolde" in Berlin. „Deutsche Rundschau", Mai 1876.)

Ende. „Jedes Musikstück enthält das vollständigste Zeugniss, dass der Componist am Ende seines Lateins steht."

(„Signale", 1864, Nr. 4. Concert-Bericht aus Wien. Wagner hatte u. A. folgende Compositionen dirigirt: Stücke aus „Tristan", „Meistersinger"-Vorspiel. Vergl. Sargdeckel.)

Enfans terribles. „Berlioz und Wagner sind zwei ‚enfans terribles' des alternden Beethoven, der sich gewaltig wundern würde, wenn er diese beiden seltenen Vögel aus seiner letzten Brut sehen könnte." (P. Scudo, 1860.)

Entbehrlich, „vollständig entbehrlich sind Wagner's Schöpfungen, da sie uns nicht den mindesten Kunstgenuss gewähren. Wagner's Talent besteht nur in der Phrase und der Situationsmalerei." (Carl van Bruyck, 1860.)

Entladen. „Da Richard Wagner in München eine immer solidere Basis für seine En-Gros-Unternehmungen gewinnt, so hat sich hier (in Wien) ein gewisses Gefühl der Sicherheit wenigstens für den nächsten Zeitraum eingestellt. Man weiss, die nächsten Wagner'schen Opern werden sich über München entladen." („Signale", 1864, Nr. 38. Wiener musikalische Skizzen.)

Epidemien. „Wie diese sich unwiderstehlich von Ort zu Ort verbreiten, so werden wir es ruhig erdulden müssen, dass auch die ‚Meistersinger' allmälig von Bühne zu Bühne die Runde machen." W. Lübke, 1869.)

Epidemia Wagneriana. Eine solche constatirt die „Kölnische Zeitung", 1873, für Berlin. Sie wird als stark grassirend bezeichnet.

Epigone. „Wie Marschner Weber gegenüber, so befindet sich Wagner Meyerbeer gegenüber in der Lage des Epigonen, und kein Bosco vermag den Meister zu verdunkeln, der inmitten des Verfalls die grosse Oper des neunzehnten Jahrhunderts zu ihrer grossartigsten Entfaltung gebracht hat." („Echo", Berlin, 1872.)

Eskamoteur. „Ein schlauer Eskamoteur, ein Hokuspokus sondergleichen ist Wagner." (Dr. C....., 1869.)

Eunuque enragé wurde R. Wagner von einem „grossen Dichter, feinsten Kenner der Natur und der Menschenbrust" nach Anhörung der Einleitung zu „Tristan und Isolde" genannt. (L. Pietsch, 1873.)

F.

Farce; als solche bezeichnet ein ungenannter Musikfreund die neue Gesangsposse: die „Meistersinger". (Berlin, 1870.) — Eine Farce war nach Dr. W. Mohr (1872) die Feier der Grundsteinlegung in Bayreuth.

Fanatiker der Melodielosigkeit ist Wagner im „Lohengrin". (Ed. Hanslick, 1858.)

Fechten ging Wagner als Geschäftsreisender für sein „Ich" mit dem Taktstocke in der Hand (Anspielung auf die Concerte, welche Wagner 1872 und 1873 zum Besten seines Unternehmens in den grossen Städten gab. S. „Indiskrete Briefe" aus München, „Allgemeine deutsche Musikzeitung", 1874, Nr. 18.)

Formlosigkeit. „Die zum System erhobene Formlosigkeit ist die hervorstechende Eigenthümlichkeit der Musik zum „Lohengrin." (O. Gumprecht, 1859.)

Frottiren. „Dieses Frottiren des guten und bösen Princips an einander, dieses Ringen, dieses heidnische Violin-Kreischen, das von dem christlich-germanischen Bombardon des Glaubens und der Gutmüthigkeit schliesslich in den dicksten Tönen überboten wird, übt auf jedes blasirte Herz noch einen Reiz aus." („Signale", 1859. Nr. 49. Bericht über den „Tannhäuser" in Wien.)

Befürchten. „Aftonbladet" meldet nach der ersten Aufführung des „Lohengrin" in Stockholm (1874), dass die Oper nicht das Furore gemacht habe, welches man aus mehreren Ursachen zu befürchten gehabt hätte.

Furchtbar-quatsch. „Das Furchtbar-Quatsche im Bündnisse mit dem Schauderhaft-Blödsinnigen macht Wagner zum ersten Vertreter der modernen Gesangsposse. („Beobachter an der Spree", Berlin, 1870.)

G.

Gänsemarsch. „Niemals singen ihrer Zwei zugleich. Langsam und pathetisch recitirt Einer nach dem Anderen, während die Uebrigen stumm und gelangweilt zusehen. Ein drei Stunden langer musikalischer Gänsemarsch." (Ed. Hanslick, 1869, über die Münchener Aufführung des „Rheingold".) Dieser „witzige Einfall" hat emsige Colporteure gefunden. So schreibt Ehren

Schletterer in der „Wiener Abendpost" vom 9. Sept. 1876:
„Nur ganz wenige zweistimmige, ein dreistimmiger Satz und ein
Chor begegnen uns während der vier Abende des ‚Nibelungen-
Ringes'. Das Uebrige bewegt sich Alles im Gänsemarsche der
Einstimmigkeit." Der Vater des „Witzes" führt sein Kind
auch in den Berichten über die Festspiele in Bayreuth (1876)
behaglich spazieren. „Welche Qual es ist, diesen gesungenen
Gänsemarsch den ganzen Abend zu verfolgen, weiss nur, wer
es selber erlebt hat." („Neue freie Presse", August 1876.)

Gans und Gänschen. „Wie manche hoch- und manche
wohlgeborne menschliche Gans und Gänschen über den Musik-
poeten der Zukunft denkt, wissen wir aus dem lebhaften Geschnatter,
womit sie die Luft Deutschlands und Frankreichs erfüllen. Was
aber empfinden ihre weissen oder bunten oder schwarzhälsigen
schwimmenden Cousinen dort z. B. bei der Ouverture der ‚Meistersinger'?" (Ludwig Pietsch, 1870, in einem Feuilleton über ein
Wieprecht'sches Concert im Zoologischen Garten. Wie geistreich
und wie galant!)

Gallert. „Ein unterschiedloses, lyrisch-episch-dramatisches
Gallert ist die unendliche Melodie Wagner's." (Otto Gumprecht, 1872.)

Gallimathias. „Ein musikalischer Gallimathias (!) sind
die ‚Meistersinger'." (Altonaer Broschüre, 1871.)

Gebräu. „Die Musik zum ‚Tristan' ist mit Ausnahme einiger
Partien das raffinirte Gebräu einer abgelebten, krankhaften
Phantasie." (E. Schelle, 1865.) — Das Gebräu aller trivi-
alsten Geklatsche sogenannt-geistreicher Hochmuths-Médisance
neidischen Nicht-Judenthums —, so nennt A. Hahn (1869) die
Broschüre: „Das Judenthum in der Musik".

Geburtsklinik. „Eine eigene, kostspielige Geburtsklinik
unterhält die Münchener Hofoper für Richard Wagner." (Eduard
Hanslick.)

Gedankenschemen, abstracte. — nicht lebendige Menschen
von Fleisch und Blut sind die Gestalten der Wagner'schen Opern.
(G. Engel, 1860.)

Gehirnerweichung. „Wagner verfolgt die Juden, das ist
der höhere Blödsinn! Hier hört aller Carneval auf und die Gehirnerweichung beginnt". (H. Dorn, 1870.)

Geplärre. „Das Geplärre der Lehrjungen und die Gemein-
heiten ihrer Meister bilden das komische Element in Wagner's
‚Meistersingern'." („Wiener Theaterchronik", 1871.)

Gequassel und Gequatsche, in solchem nudelt(!) sich das Duett zwischen Tristan und Isolde von Seite 111 bis 135 des Clavier-Auszugs. (II. D o r n.)

Geschwollen, nicht dick ist das Textbuch zu den „Meistersingern". (Kossmaly, 1873.)

Gewäsch, leeres; Wagner versteht es, demselben durch schöne Phrasen ein gewisses Ansehen zu geben.

Gilkagetränkt. „Tristan und Isolde sind von der Pocalscene ab Marionetten, welche an gilkagetränkter Strippe willenlos hin- und herbammeln." (II. Dorn, 1876.)

Glorie des Unsinns; diese entdeckte ein Wiener Kunstrichter in der Auslegung, welche Wagner seiner „Tannhäuser"-Ouverture giebt.

Götzentempel von Bayreuth. „Leider beherrscht Wagner unverhältnissmässig das Repertoire; fast jede Woche bringt den ‚Tannhäuser‘ oder ‚Lohengrin‘, Dank dem Zukunftswahn, welcher zumal die hochgestellten Schichten der Gesellschaft berückt hat. Auch ‚Rienzi‘, ‚Die Meistersinger‘, ‚Der fliegende Holländer‘ sind noch immer nicht auszumerzen. — — Diese Zukunftsthorheit scheint nicht ersterben zu wollen. — Meyerbeer's ‚Robert der Teufel‘, ‚Prophet‘ und ‚Hugenotten‘ üben trotz der musikalischen Judenhatz, deren unversiegbarer Springquell neben dem Götzentempel von Bayreuth rauscht, eine ungeschwächte Anziehungskraft." (E. E., d. i. Eppenstein, „Neues Berliner Tageblatt", 24. Decbr. 1875.)

Göttergelichter. „Für eine Flasche Wein in Eis hätten wir mit Vergnügen das ganze Göttergelichter verschenkt." (K. Frenzel, nach dem 2. Akt der „Walküre", August 1876.)

Goldwasser der Brunst nennt Dorn den Liebestrank Isoldens. Der Wahnsinn und die Verzweiflung der beiden Liebenden sind nach des Verfassers Meinung nicht seelische Zustände, sondern körperliche, durch einen Liqueur erwirkte Aufwallungen.

Grausam. „Eins der grausamsten Gebote unserer Referentenpflicht rief uns in die Aufführung des ‚Lohengrin‘, um unser Ohr drei Stunden lang von einem der Erbarmungslosesten unter allen Componisten vergewaltigen zu lassen, die je den Segen der Töne in sein Gegentheil verkehrt." (O. Gumprecht, Novbr. 1866.)

Grinsen und Greinen. „Ein naturwidriges, Musik sein sollendes Grinsen und Greinen" nennt Dr. Castan (Pseudonym Eusebius) die Musik zum „Tristan". („Frankfurter Zeitung", 1874.)

Grobian. „Der königlich bayrische **Grobian** hat sich von seinem Paroxismus-Anfall anscheinend noch nicht erholt", klagte die Redaction der Wiener „**Presse**" einmal. (1870?)

Grössenwahnsinn und **Gehirnerweichung;** ich verweise auf die Broschüre **Puschmann**'s und die ähnlich lautenden Diagnosen **Heinrich Dorn**'s. In einer Recension des „Judenthums in der Musik" („**Berliner Fremdenblatt**", 1869) sagt **Richard Wüerst** am Schlusse Folgendes: „Nach dem Erscheinen der vorliegenden Schrift erwarten wir mit Bestimmtheit binnen Kurzem zu vernehmen, dass der **berüchtigte Autor** derselben in ein **Irrenhaus** gesperrt sei, eine Vermuthung, die dem christlichen, aber vielleicht stark ,verjüdeten' Unterzeichneten bereits beim Durchlesen von Wagner's letzten ,Operndichtungen' aufgestossen ist."

Grossmäuligkeit, grobdrähtige, des „deutschen Meisters". (Die einzige Notiz der „**Kölnischen Zeitung**" während der Maien-Festtage in Bayreuth, 1872.)

Gründer von Bayreuth wurde Wagner 1873 genannt, z. B. von der „**Berliner Montagszeitung**".

Gruselnd. „**Gruselnde** Bewunderung muss man dem Schaffen Wagner's entgegentragen." (**Ed. Hanslick.**)

H.

Hahnenschritt. „Die kleine, heiter-elegische Oper von Ignaz Brüll: ,Das goldene Kreuz', nahm sofort alle Herzen gefangen, obwohl ihr schlichter musikalischer Styl und einfacher Fortgang im denkbar grössten Widerspruch zu dem gespreizten **Hahnenschritt steht,** mit dem unsere Pseudo-Romantiker seit einer Reihe von Jahren über die moderne Opernbühne dahinstolziren und zugleich das Publikum mit allen Mitteln der Reclame, mit Vor- und Nachreden, durch Commentare und in Parteiblättern Glauben machen wollen, ihre, aus Affection forcirter Ueberschwänglichkeit und Manier bestehende Musik sei höchstes Pathos." (**Emil Naumann,** 1876.)

Halbdichter, auf einen Kritiker gepfropft, ist Richard Wagner. (P. **Scudo,** 1861.)

Hans in allen Gassen. „Richter war Hans in allen Gassen. Er dirigirte das Clavier-Concert, geigte bei den Schmiedeliedern mit unter den Violinisten und schlug bei Siegfried's Tod die Trommel". (..Echo", 1875, Nr. 12. Gefälschter Bericht aus Pest über das Wagner-Liszt-Concert am 10. März 1875.)

Haschisch-Benebelung, musikalische, — ist Wagner's Musik. (Urtheil des Cavallerie-Offiziers in P. Heyse's Roman: „Die Kinder der Welt".)

Heliogabal, der musikalische, — ist R. Wagner. (Carl Gutzkow, 1873.)

Henker der modernen Kunst ist Richard Wagner. (G. Stradina, 1875.)

Heulen. „Da heulen für den ‚zurückgestrichenen' Jüngling die Wogen Wagner'scher Zukunftsmusik." (H. Dorn.)

Hep-Hep-Gezücht des alten Lügendrachens finsterer mittelalterlicher Schule. (Dr. C......, „Unmusikalische Noten", 1869.)

Hirnlos. „Hehre Tonkunst, darfst du es dulden, dass birnlose Worte, einer verwilderten Phantasie entsprossen, sich paaren zu den wüst gezerrten Klängen deiner sonst so holden Weisen?" (R. Lienau, „Echo", 1876, Nr. 12. Nach der Aufführung des „Tristan" in Berlin. Am Tage vorher war der Verfasser noch ganz gesund!)

Hirnverbrannt. „Das hirnverbrannteste Unternehmen, das je ein Künstler oder ein dem Irrenhause Entlaufener angestrebt hat" — nennt Stradina die projektirte Aufführung der „Nibelungen" in Bayreuth. (..L'art musical", 1875, Nr. 34. „Der Tempel zu Bayreuth." Abgedruckt in der „Neuen Berl. Musikzeitung", 1875, Nr. 34.)

Höllenspektakel nannte ein Mailänder Blatt die Ouverture zum „Fliegenden Holländer". Die „Deutsche Musikerzeitung" (28. Mai 1871) acceptirte dieses Urtheil bald und gern!

Hokuspokus mit der neunten Symphonie in Bayreuth. (Feine Bemerkung des „Echo" nach der Grundsteinlegung, Mai 1872.) Vgl. „Eskamoteur".

Hochmuth. „Schelling war eine durch und durch aristokratische Natur, was von Wagner nur insofern zu sagen wäre, als man Vornehmheit mit Hochmuth verwechseln wollte". (G. Engel, 1875. Artikel, in welchem der Einfluss Schelling's auf Wagner nachgewiesen werden sollte!)

Hohl und langweilig ist vorwiegend die „Faust"-Ouverture. (E. Bernsdorf, 1867, Frühjahr; im Herbste war sie ihm sogar noch unsympathischer.)

Holperig. „Die holperigen und poesielosen Reimereien des Dichtercomponisten Richard Wagner." („Badische Landeszeitung", 1876.)

Holzkreuz. „Und aus dem dürren Holzkreuz des ‚Tannhäuser‘ von Richard Wagner wurde am 3. September das ‚Goldene Kreuz‘ von Ignaz Brüll, welches stehende Repertoircoper geworden zu sein scheint.“ („Echo“, 1876, Nr. 37, über die Aufführung des „Tannhäuser“ am 2. September 1876.)

Humbug. „Literarischer, poetischer und musikalischer Humbug wird von Wagner naiv und konsequent betrieben.“ — „Ein dramatisch-musikalischer Humbug sind die ‚Meistersinger‘.“ („Europa“, 1871.)

Hundemässig. „Sogar Hunde, welche moderne Terzen- und Sextengänge ruhig anhören, fangen jämmerlich zu heulen an, wenn man ihnen die barbarischen Quartengänge der Guidonischen Diaphonien auf der Geige vorspielt. Diese historisch constatirte Umstimmung des musikalischen Ohres ist in der That unbegreiflich. Sie mag uns aber auch ahnen lassen, wie vollends erst mittelalterliche Hunde heulen würden, wenn man ihnen etwa Modulationen aus dem ‚Tannhäuser‘ vorspielen könnte.“ (Riehl, 1860. „Culturstudien aus drei Jahrhunderten“.)

Hundetrab. „Dieser entsetzliche kurze Hundetrab von Stabreimen!“ (Ed. Hanslick, 1875.)

Hunnenthum. „Die durch Wagner, Rubinstein und Offenbach vertretene Musik, — — dieses Hunnenthum.“ (A. Schroot: „Wissenschaft und Leben“.)

Huren-Aquarium, als solches bezeichnete ein Ungenannter im Wiener „Vaterland“ den Grund des Rheines, wo die erste Scene des „Rheingold“ spielt. (1869 im September.) — Andere sprachen von dem „eigenthümlichen Opern-Aquarium, ‚Rheingold‘ benamset“.

I und J.

Ich. Ein hässliches und versumpftes Ich besitzt Wagner. Dort wahrhaftige Einkehr zu halten, räth Wüerst, 1869.

Ignorant par excellence ist Wagner, — so versicherte 1869 Herr E. M. Oettinger.

Insinuirt hat Franz Liszt richtig dem neuigkeitssüchtigen Publikum die beiden Opern „Lohengrin“ und „Tannhäuser“. (C. Kossmaly, 1874.)

Insulte. — „Wir können die barbarische Rohheit dieses neuesten Wagner-Ausbruchs nicht anders bezeichnen, als eine Insulte gegen die erhabene Majestät des deutschen Kaisers“. (H. Dorn über den Kaisermarsch. April 1871.)

Jahrmarkt von Saint-Cloud, so nannten die Pariser Orchestermusiker das Divertissement (!) im „Venusberg". (1861.)

Jammer. „Ein musikalischer Jammer ist der Kaisermarsch." (H. Dorn, 1871.)

Judenbengel; ein arroganter Judenbengel ist Wagner nach der Meinung des „Beobachter an der Spree". (Berlin, 1869.)

Judenfresser und **Judenschnapper** waren 1869 sehr geläufige Bezeichnungen. (Die Aufregung über „Das Judenthum in der Musik" verwirrte die Köpfe der — Betroffenen.)

Jungens. „Dumme Jungens, welchen Jeder imponirt, der mit einigem Geiste viel Impertinenz verbindet, werden das „Pamphlet" über das Dirigiren anstaunen". (Ferd. Hiller.)

K.

Kaiser der neudeutschen Musik, deutscher Musikkaiser nannte die „Allg. Mus. Zeit." R. Wagner im Mai 1871. (War es eine Huldigung oder sollte es ein Witz sein?)

Kalb, goldenes; vor diesem treiben die Wagnerianer ihren Götzendienst. (Wieso?)

Kalt und trocken ist Wagner's Musik in der Hauptsache. („Niederrheinische Musikzeitung", 1859. Correspondenz aus Berlin. G. Engel?)

Kammerjäger; in dieser Eigenschaft fing Wagner die grammatikalischen und syntaktischen Ratten und Mäuse zusammen, welche sich in Devrient's Erinnerungen an Mendelssohn finden.

Kasteiungen legt die Oper „Lohengrin" dem Hörer in künstlerischer Beziehung auf. (G. Engel, 1866.)

Katzenjammer, moralischer; — „der zutreffende Ausdruck für das Gefühl, welches viele Leute nach dem ‚Genusse' einer Wagner'schen Oper haben." (Dr. W. Mohr, 1872.) — „Bei Wagner's Musik bekömmt aan jeder musikalisch gesonde Mensch aan ‚ferchterliches lamentum Katzarum szu deutsch: Katzenjammer." Isaak Moses Hersch: „Herr Richard Wagner, der musikal'sche Struwelpeter". 1876.)

Katzenmusik. Höhere Katzenmusik findet H. Dorn im „Tristan", übermenschliche bieten nach Truhn's Versicherung die „Meistersinger". („Sporn", 1870) Derselbe schrieb gleichzeitig in der „Montagszeitung": „Eine grauenvollere Katzenmusik könnte nicht erzielt werden, als Wagner in seinen ‚Meistersingern' erreicht, und wenn sämmtliche Leiermänner Berlins in den Renz'schen Circus gesperrt würden, und jeder eine andere Walze drehte."

Katzenserenade. „Betz als Wolfram macht selbst das Abendsternlied — halb Katzenserenade, halb lindpaintnerisch, geniessbar." (Truhn im „Berliner Figaro", 1873.)

Keingold, angeblich der Druckfehler, welcher die Vernichtung des Theaterzettels zur ersten Münchener Aufführung nothwendig machte, — dann ein bekannter Kalauer!

Kerl. „Warum muss ich mit diesem Kerl in einem Jahrhundert geboren sein!" Stossseufzer eines Hoftheater-Intendanten, als er die „Meistersinger" aufführen sollte. (1870.)

Kindertrompeten und Dukatenmänner des grossen Richard, so titulirt das „Echo" (1872, Nr. 30) die Wagnerfreunde Mannheims.

Kindlich. „Eine kindlich stammelnde Sprache ist die Musik zum ‚Lohengrin'." (G. Engel, 1866.)

Kladderadatsch. „Ein dramatisch-musikalischer Kladderadatsch ist die Oper ‚Tristan und Isolde'."

Knappe. „Wagner's gleichgesinnter Knappe ist Offenbach." (Altonaer Broschüre, 1871.)

Knüppeldamm. Als solchen bezeichnet Schletterer (1876) die alliterirende Form des Stabreimes. Für's Lesen ist er wol gut (Jordan), für den Gesang taugt er nichts! „Der Stabreim schrumpft entweder zu einem knorrigen Klumpen*) zusammen, der dem Sänger im Halse stecken bleibt, oder er erweitert sich zu einem umschreibenden Wortmeere, das der Tonsetzer nicht mehr in eine musikalische Form zwingen oder melodisch bewältigen kann."

Köder, Bayreuther, auf welchen die deutsche Nation nicht in corpore, sondern nur in sehr vereinzelten Exemplaren angebissen hat. („Neue Berl. Musikzeitung", 1874.)

Kohl, Bayreuther. „Ob die 5432 Thlr. 10 Sgr. (Ertrag des Wagner-Concertes in Berlin) den bayreuther Kohl fett machen werden", darüber zerbrach sich 1873 der „Echo"-Redacteur — ich hätte bald gesagt — den Kopf!

---

*) „Knorriger Klumpen" is jut.

Der Setzer.

Komet. „Nur ein Komet und kein Fixstern ist Rich. Wagner. Er zieht auch äusserlich einen grossen Schweif nach " (Flodoard Geyer, 1871.)

Kunstnichts, ein solches ist für Moritz Hauptmann die Wagner'sche Oper gewesen.

L.

Lakaien, literarische, sind (nach Gumprecht!) die federführenden Anhänger Wagner's.

Läppisch ist der Schluss des „Lohengrin" und langweilig die Musik. („Neue Berl. Musikzeitung", 1874.)

Läppisch und lächerlich. „Ueberhaupt ist der Wagnerianer ein ganz läppisches und lächerliches Wesen, meist ein junges, unreifes Kerlchen ohne selbständiges Denken, in blindgläubiger, dumpfer Verehrung vor dem Meister auf den Knieen rutschend" u. s. w. (Dieses Signalement stellte Martin Plüddemann in seiner wagnerfreundlichen Broschüre aus den Urtheilen der gegnerischen Presse zusammen. Herbst, 1876.)

Lahm, gedankenarm und mühsam zusammengeschweisst ist der Kaisermarsch. („Echo", 1873, Nr. 14.)

Langeweile, langweilig. „Langweilig, unklar, weitschweifig, unmelodisch und antimusikalisch fand man den ‚Tannhäuser' in Paris, und deswegen wurde er ausgepfiffen." („Constitutionel", 1861.) — Zu derselben Zeit „fand" ein Deutscher, Herr Selmar Bagge, und zwar „auf das Entschiedenste", dass beide Werke, der „Tannhäuser" sowol als der „Lohengrin" in ihrer Totalität langweilig seien. — „Die Fanatiker versichern, dass diese vier Dramen durchaus Meisterstücke sind. Ich bekenne demütig, dass ich sie vom theatralischen Standpunkte aus fürchterlich langweilig finde." (Albert Wolff im Pariser „Figaro", 1876, über die Festspiele in Bayreuth.) — „Die entsetzlichste Langeweile, gepaart mit dem Gefühle physischer Qual", darin besteht nach Wüerst's Meinung vernehmlich die Wirkung der „Meistersinger". (Berlin, 1870.) — Mit dreigestrichener Langeweile sind die „Meistersinger" gesättigt, behauptet Kossmaly, und der „Berliner Theater-Diener" versicherte durch seinen Referenten Truhn: „Die kolossalste und gediegenste (! Langeweile, welche bis jetzt auf dem Gebiete des musikalischen Dramas erreicht worden ist, erregen die ‚Meistersinger'." Aus dem Jahre 1861 ist folgender Ausspruch von E. Bernsdorf merkwürdig: „Was ‚Tristan und Isolde‘ und das ‚Rheingold‘ anbelangt, so müssen wir von Musik als ‚schöner‘ Kunst durchaus absehen und uns nur mit spiritualistischen Intentionen und tödlich lang-weiligen und abspannenden musikalischen Deklamationen be-gnügen, die vom Orchester in wahrhaft entsetzlicher Geschraubt-heit illustrirt werden.“ — Die „Berliner Concertzeitung“ schilderte 1876 „Tristan und Isolde“ als ein Meisterwerk, welches den Sänger vernichtet und das Publikum langweilt.

Lassalle. „Herr Wagner, der musikalische Lassalle.“ („Berl. Montagszeitung“, 1. Mai 1876.)

Laubfroschweis’, grüne; so taufte ein Berichterstatter das Lenz- und Liebeslied Walther’s im ersten Akte der „Meister-singer“. („Montagszeitung.“)

Ledern und höchst unglücklich ist der Wagner’sche Schluss zu Gluck’s „Iphigenien“-Ouverture. Diese Entdeckung machte Ed. Bernsdorf im Jahre 1872. — Herr Lienau, Herausgeber des „Echo“, macht sich 1870 lustig über „die so gerühmten philosophisch reflectirend musikalischen Ergüsse des ledernen Hans Sachs.“

Leibkomponist, königlich bairischer, — so scherzt Hieronymus Truhn, 1870. — Hof- und Leibkomponist, der Münchener. (Chorley.)

Leinwandwebergesicht. „In München circulirt jetzt eine Carikatur. Sie zeigt eine prachtvolle Theaterloge, mit fürst-lichen Emblemen geschmückt, deren beide Insassen, der Eine von jugendlichem, aristokratischem Aussehen, der Andere ein plebejisches, sächsisches Leinwandwebergesicht, sich wüthend um den Platz an der Brüstung der Loge streiten, während die Menge unter Beifall klatscht. Die Unterschrift lautet: ‚Es soll der König mit dem Sänger gehn!‘ “ („Echo“, 1868.)

Liebeskrampf, der widernatürlich erzeugte, mit erbar-mungsloser Consequenz durch drei Akte sich hinschleppende — so nennt Gumprecht (1874) die Dichtung von „Tristan und Isolde“.

Liebesqualm. „Wer sich einmal am Gaukelspiel des „Nibelungenringes“ sattgesehen und von dem unnatürlichen Liebes-qualme desselben hat anräuchern lassen, der wird nach Wieder-holung dieser ungesunden Kost und Luft kein besonderes Ver-langen tragen. (H. M. Schletterer, 1876.)

Liebessiech und mannestoll sind die bei Wagner epide-mischen Heldinnen, von krankhafter Brunst getrieben etc. (W. Lübke, 1869.)

Liqueur. Einen dramatischen Liqueur nennt H. M. Schletterer in der „Wiener Abendpost" (1875, Nr. 215) den Vergessenheitstrank, welchen Siegfried von Gutrune empfängt.

Litanei. „Die innere Haltlosigkeit und Erfindungsarmuth dieser ewig deklamatorischen Litanei." (So urtheilte Klein 1858 über die Partie des Tannhäuser, als Tichatschek in Berlin gastirte.)

Lohgerber nannte man den „Lohengrin" in Hannover. („Signale", 1856, S. 50.)

Lüneburger Haide oder Chaos blieb uns — selbst mit dem Textbuche in der Hand — Alles, was wir hörten, — nämlich: Vorspiel, Quintett und Finale des 3. Aktes der „Meistersinger". („Illinois Staatszeitung".)

M.

Machwerk. „Es giebt wol auf dem Opernmarkte wenige Machwerke, die sprachlich wie musikalisch gleich langweilig sind, als wie die ‚Meistersinger'." (Wilh. Grothe, 1875)

Machwerk, liederliches. „Man betrachte den stümperhaften Aufbau des Ganzen, den niederträchtigen Geist, der es durchwaltet, die Verblasenheit (sic!) der Gestalten und noch zuletzt diese verlotterte Sprache — und frage sich, ob an (ein) geistig und technisch so liederliches Machwerk der Name ‚Dichtung' zu verschwenden sei?" (L. Speidel, „Wiener Fremdenblatt", 15. October 1876. Schlusswort über die Aufführungen in Bayreuth.)

Maikäfer-Schachtel. „Die Ouverture (zum ‚Lohengrin'), diese gefüllte Maikäfer-Schachtel, ist natürlich unberührt geblieben." (Speidel im „Wiener Fremdenblatt" nach der Wiener „Lohengrin"-Aufführung im Decbr. 1875.)

Majestät, Bayreuther, im Tourciche, — wird R. Wagner ironisch genannt. („Allg. deutsche Musikzeitung". 1874.)

Makart. „Ein musikalischer Makart ist Wagner. (Lübke, 1871.)

Manier. „Geistreiches Wollen, unbegrenzte Herrschaft über das Klangwesen gewahrte man auf Schritt und Tritt, aber zugleich eine zur frostigsten Manier erstarrte Weise des Ausdrucks." (Gumprecht, April 1875, über Siegfried's Abschied.)

Mann. Herrlicher Mann, grosser und unerreichbarer Meister. Sehr geschätzter Mann Gottes! (Oettinger, 1869.)

Marat der Musik wurde R. Wagner 1859 von Jouvin in Paris genannt.

Maus. Hätte die gute Kritik zu der neuen Propaganda nicht schon viel zu lange vornehm geschwiegen, es wäre aus der Maus nicht der Elephant geworden." (L. Rellstab, Berlin, 1857?)

Meister. „Der ophikleïdenwüthige Meister." (Fr. Tietz.)

Meisterschinder sind nach der „Berl. Montagszeitung" die „Meistersinger". (April 1876.)

Mendelssohniaden. „Die Fragmente aus Richard Wagner's ‚Walküre' wurden vorzüglich ausgeführt und sehr günstig aufgenommen. Dieser Beifall war nichts anderes als ein Gruss, mit dem das Publikum die bekannten Mendelsohn'schen Anklänge, die in dem Werke unverkennbar und nicht gerade spärlich herantreten, beehrte. Sind diese auch nur verwässerte Mendelssohniaden, — was thut's, das Publikum liebt eben seinen Mendelssohn und begrüsst ihn, wo es ihm begegnet, selbst in einem Wagner'schen Werke, mit herzlicher Freude." (Emil Leubuscher in seinem Berichte über ein Bilse-Concert. Berlin, October 1876.)

Méprisable Bavarois. der verabscheuenswerthe Baier. So wurde R. Wagner im März 1875 von einem Lyoner Journalisten genannt. (Der Dirigent des Concert populaire hatte den Hochzeitsmarsch aus „Lohengrin" ins Programm aufgenommen. Darob grosser Skandal in den Blättern. Lärm am Abend, so dass die Pièce abgesetzt werden musste.)

Metzelei. „Die Metzelei mit den Proben von ‚Tristan und Isolde'." („Signale", 1863. Notiz aus Wien.)

Meute. „Zu einer wilden Meute vereinigt stürmen die vornehmsten Leitmotive am entsetzten Ohre vorüber." (O. Gumprecht, 1870, über das „Meistersinger"-Vorspiel.)

Mischmasch. Ein alliterirter Mischmasch ist der Text zu den „Nibelungen". (Dr. Isidor Castan, Aug. 1876.)

Missgeburt. „Eine Missgeburt, nicht Fisch, nicht Fleisch ist die Wagner'sche Zukunftsmusik." („Deutsche Mus.-Zeitg.", Wien, 1860.) — Das sogenannte musikalische Drama „Tristan und Isolde" ist eine ästhetisch vollkommene Missgeburt. (Aus der Zeitschrift „Deutschland", Weimar, 1875.)

Missgriff. „Es ist ein Missgriff, dass man den ‚Lohengrin' überhaupt gebracht hat." („Echo", 1858. Bericht aus Wien.)

Mörder. Gesangsmörder. „Die stimmenmörderische Partie des Hans Sachs in den ‚Meistersingern‘." („Echo", 1871.)

Mondkalb. „Hätt' der musikal'sche Struwelpeter nischt gemacht äsau aanen Pischtokel (Spektakel) un beleidigt de alte Meister, kaan Mensch hätt' incummedirt dieses dramatisch-musikalische Mondkalb." (Isaac Moses Hersch: „Herr Richard Wagner, der musikal'sche Struwelpeter", 1876.)

Monotonie. „Sonore Monotonie ist die Einleitung zum ‚Tristan‘." (Szarvady, 1860.)

Monstrum. „Ein musikalisches Monstrum sind die ‚Meister-singer‘." („Allg. Musik. Zeitung", 1870, Nr. 17.)

Monument für den grössten Dichtercomponisten unter den Barrikadenkämpfern von 1848—49. „Er müsste als Walkürenreiter dargestellt werden, eine Gerte schwingend, die aus übermässigen Dreiklängen und unmässigen Nonenaccorden zusammengeflochten ist." (H. Truhn, „Montagszeitung", Berlin, 1871.)

Mordlärm, ein solcher ist die neue Einleitung zum „Tannhäuser". (Speidel, „Wiener Fremdenblatt", 1872.)

Motus obliquus. „Wagner ist eine geniale Seitenbewegung des Opernbegriffs; nur als eine solche sollte man ihn auffassen." (L. Ehlert, „Deutsche Rundschau", 1875, April.)

Muckerfränlein nannte Wilhelm Bauck 1857 die Elisabeth im „Tannhäuser". („Echo", 1857, Nr. 3.)

Münchhausen. „Ein musikalischer Münchhausen ist Wagner." (W. Lübke, 1869.)

Musikmaschine; eine ungeheure, symbolische und mahlende Musikmaschine, die schlecht gebaut ist, nennt Scudo 1860 die „Tannhäuser"-Ouverture.

Musikschwindel, von Wagner angezettelt. („Echo", 1872.)

N.

Nachblöken. „Damit begnügen sich die echt in der Wolle gefärbten Wagner-Anbeter, die weder musikalische Ohren am Kopfe, noch ein empfängliches Herz für echte Musik besitzen. sondern nur auf das angewiesen sind, was die engagirten Wagner-Erfolg-Leithämmel ihnen vorblöken." („Echo", 1872, Nr. 29.)

Nachtwächter. „Im dritten Acte (des ‚Siegfried‘) haben wir abermals ein langes Gespräch Wotan's mit Siegfried zu überstehen; dieser spaltet glücklicherweise den schlafbringenden Speer des göttlichen Nachtwächters und dringt in die wabernde Lohe." (Ed. Hanslick, August 1876.) — „Im dritten Acte (des ‚Siegfried') haben wir es zunächst wieder mit Wotan zu thun, wie immer auf seinen Speer gestützt.*) Es macht den Eindruck, als schlüge Jemand einen Nagel in die Natur. Die bakenartige Linie, welche Speer und Wotan unverbrüchlich beschreiben, wirkt fast wie die eines göttlichen Wachtpostens." (Louis Ehlert in der „Deutschen Rundschau". Octoberheft, 1876.) In ähnlicher Weise geistreich (!) äusserte sich Herr Karl Frenzel; ihm erschien der Gott wie ein Thürhüter in einem vornehmen Hause. (Gute Witze wollen gemacht sein!)

Narr. „Ein in allerdings genialem Anfluge rasend gewordener Narr ist Wagner." (Eusebius — Dr. Castan — 1874, Bericht in der Frankfurter Zeitung über „Tristan und Isolde".)

Narren-Manifest, so nannte H. Ehrlich die Broschüre Wagner's über das Dirigiren.

Nebeljungen für Nibelungen; ein Witz des „Münchener Volksboten". (April 1872.)

Nebulosität. „Die transcendentalen Nebulositäten Wagner's." (Leone Fortis, Mailand, 1876.)

Nervenfieber. „Die zum Princip erhobene Formlosigkeit, die systemisirte Nichtmusik, das auf 5 Notenlinien verschriebene melodische Nervenfieber —" nennt Ed. Hanslick in der 3. Auflage des „Musikalisch Schönen" die unendliche Melodie Wagner's. -- In der 4. verbesserten (!) Auflage heisst es: „die zum Princip erhobene Formlosigkeit, der gesungene und gegeigte Opiumrausch, für dessen Cultus in diesem Augenblicke in Bayreuth ein eigener Tempel erbaut wird —."

Nervenpein, unendliche; als solche kitzelt die „innerliche Melodie" im „Tristan"-Vorspiele den Hörer zu Tode. (Eduard Hanslick, Januar 1875.)

Niegelungen-Trilogie nannte die „Montagszeitung", 1874, die „Nibelungen" Wagner's. (Ein älterer Scherz, bereits auf Dorn's gleichnamige Oper angewendet. 1854.)

Nordhäuser. In der Posse „Münchhausen" von Kalisch, Mus. von Hauptner (1856) befindet sich ein neues Intermezzo, eine „Tannhäuser"-Parodie. Münchhausen spricht es unverblümt aus: dass er lieber einen Nordhäuser, als den „Tannhäuser" auf's Korn nähme.

Numen et Lumen, das grosse. (Ambros.)

---

*) Wir, auf seinen Speer gestützt? fragt der Setzer.

O.

Ochs, gestochener. — „Wenn im dritten Akte der Held Tristan auf den Tod verwundet endlos sich umherwälzt und dazu brüllt wie ein gestochener Ochs." (Lienau im „Echo", 1876, Nr. 12.)

Ohrenschindend und herzbrechend nennt Lienau, der würdige Herausgeber und Redacteur des „Echo" (1871, Nr. 19), Wotan's Abschied aus Wagner's „Walküre".

Ohrenschmerz und dreiwöchentliche Harthörigkeit bilden den einzigen Eindruck, den Wagner's Opern hinterlassen.

Ohrenzerreissend. „Im Münchener Hoftheater wird auf allerhöchstem Befehl Richard Wagner's ‚Tristan und Isolde', ohrenzerreissenden Andenkens, wieder zur Aufführung kommen. Der Tenorist Herr Nachbaur soll keineswegs aus Angst vor der Cholera, sondern vor dieser Aufführung von München geflohen sein. („Berliner Montagszeitung", Januar 1874.)

Ohrenzwang. „Uen Frankfurt am Mäun grassürt dör Szengen-Zwang, ün Bröslau dör Eudes-Zwang, ün Varzün dör Stuhl-Zwang, ün Bäyreuth dör Ohren-Zwang" etc. („Berliner Montagszeitung", 1875.)

Opiumrausch, s. Nervenfieber.

Orkus, nennt die Berl. Musikzeitung „Echo" (1876, Nr. 40) das verdeckte Orchester in Bayreuth. „Der König von Bayern hat Richard Wagner die gesammte Münchener Capelle für die Monate Juli und August 1877 zur Verfügung gestellt. Die Münchener, dem unsichtbaren Orkus geopferten Hof- und Kammermusiker werden bei dieser Nachricht nichts weniger als Freude verspürt haben."

Orgien. „Jean Paul's Grab verschliesst ein Granitblock, und draussen auf einem Hügel vor der Stadt haben sie ein eigenes Gebäude errichtet, um dort die Orgien der musikalischen Neuromantik zu feiern. Die grossen künstlerischen Geister sind todt und nun thun die kleinen, als ob sie gross wären, und ein schwächliches Geschlecht glaubt an ihre Grösse." („Wiener Fremdenblatt", 15. August 1876. Speidel.)

P.

Paroxysmus der Wagner-Muse: das Vorspiel zu „Tristan und Isolde". („Niederrh. Musik. Zeitung", 1860. Stimmen aus Paris.)

Passionsspiele, dramatisch-moderne, nennt das „Echo" (1871, Nr. 21) den „Ring des Nibelungen".

Pathos. „Einen ungemein lächerlichen Pathos sieht die Welt in dem Aufsatze gegen das Judenthum." (M. Gutmann, 1869.) „Ein hölzernes Pathos kämpft mit den von allen Seiten hereinbrechenden Wogen der Trivialität." (Ed. Hanslick, 1859, über das Duett im „Fliegenden Holländer".)

Pein. „Zweimal im Verlaufe von acht Tagen suchte die durch ‚Tristan und Isolde' gepeinigte Muse des Opernhauses Zuflucht bei Rubinstein's ‚Maccabäern' und auch Brüll's ‚Goldenes Kreuz' war sogar dazu ausersehen worden, eine reinere Opferflamme in diesen Räumen wieder anzuzünden." („Berliner Montagszeitung", 17. April 1876.)

Pereat! dem Dünkel incarnirter Unfehlbarkeit! — Die „Berliner Volkszeitung" vom 29. April 1871 enthielt folgenden Aufruf im Inseratentheile: „Richard Wagner ist hier und seine Freunde werden ihm huldigen. Es ist Sache der Gegner, zu zeigen, wie schroff der Gegensatz bei ihm zwischen Künstler und Mensch, wie tief die Kluft zwischen wahrem Genie und eitler Selbstüberhebung. Ein Pereat dem Dünkel incarnirter Unfehlbarkeit! Gesinnungsgenossen belieben ihre Adressen sub. X, 499 abzugeben in der Expedition dieses Blattes."

Pferdearbeit. „Man ruhte aus von der musikalischen Pferdearbeit der unvergesslichen zwei Festspielabende." (Speidel im „Wiener Fremdenblatt", 20. August 1876. Bericht über „Rheingold" und „Walküre".)

Phrasen, armselige, völlig inhaltlose, bilden den Inhalt von neun Zehntheilen der „Lohengrin"-Partitur. Das letzte Zehntheil besteht fast ausschliesslich aus süsslichster Rührseligkeit. (Berlin, 1866.)

Phylloxera vagnatrix. Die „Berliner Montagszeitung" vom 14. Februar enthält im „Briefkasten" Folgendes: „Wer bayreutet so spät durch Nacht und Wind? — Nein! von einer Opern-Reblaus (phylloxera vagnatrix) ist uns nichts bekannt geworden und ebensowenig, dass dieselbe bereits seit einigen Tagen hierorts unter den Linden starke Verwüstungen anrichtet." (Anspielung auf den Wagner-Bazar, der aber nicht unter den Linden, sondern am 9. Februar 1874 in der Wilhelmstrasse eröffnet wurde. — NB. Phylloxera vastatrix die (Wein-) Reblaus, deren Auftreten an Deutschlands Grenzen um diese Zeit constatirt worden war.)

Plagiarius. „Ein flacher Plagiarius von Berlioz ist Wagner." („Niederrh. Musik-Zeit.", 1860.)

Pönitenz der Langeweile wird dem Publikum durch die „Meistersinger" auferlegt. (1870.)

Polterkammer. „Der ‚Tristan' ist eine psychologische Polterkammer." (L. Ehlert, „Deutsche Rundschau", 1876.)

Product, verunglücktes. „Die ‚Tannhäuser'-Ouverture halte ich für ein ganz verunglücktes, ungeschickt concipirtes Product." (Moritz Hauptmann.)

Promessen, Bayreuther, — nannte Hanslick 1872 die Patronatscheine.

Pudelwohl. H. M. Schletterer („Wiener Abendpost.", 1876, Nr. 214) über die Erweckung Brünnhildens: „Hier ist Wagner wieder ganz in seinem Fahrwasser. Eine Scene, in der alle Utensilien aus dem Hausrathe sinnlicher Lust in effectvoller Steigerung nach einander verpufft und durch das glühendste Colorit in Wort und Ton die brünstigen Regungen eines verliebten Helden überzeugend dargelegt werden, wird immer einen Culminationspunkt in seinen Opern bilden; wenn nun aber der Held gar ein in Lebenskraft strotzender, unschuldiger Jüngling, die Heldin eine Halbriesin, ein Götterweib ist, die verliebte Raserei bis zur Grenze des Möglichen sich entwickeln kann, dann wird es dem Meister erst pudelwohl."

Puppenspiel. „Siegfried, dieses Puppenspiel für die reifere Jugend und das kindische Alter." (L. Speidel, October 1876.)

Pyrrhussieg nannte „Echo" 1876 den grandiosen und nachhaltigen Erfolg des „Tristan".

Q.

Quallenmusik,*) gährende und zischende: „Meistersinger". (Berlin, 1870. Recens. im „Theaterdiener".) Von

---

*) Infolge eines Druckfehlers war „Quellenmusik" daraus geworden!

quallenartiger Musik spricht derselbe Berichterstatter auch in der „Montagszeitung"; ein Meer von ohrenzerfleischender Quallenmusik entdeckte der Kritiker des „Sporn", nämlich immer der Eine: Hieronymus Truhn! Dieser gestrenge Ober-Scharfrichter besass damals in Berlin nicht weniger als (mindestens!) fünf Ablagerungsstätten für seinen literarischen Un-fug. Daher die wunderbare Einstimmigkeit der Verdammungs-Urtheile, auf welche Viele mit Genugthuung hinwiesen!

Quark. „Das Liebesmahl der Apostel" von Wagner ist ein deutsch-katholischer Quark in Wort und Weise aus jener Zeit, da das deutsche Philisterium den Johannes Ronge für einen grossen Mann ansah." (..Wiener Fremdenblatt". ..Echo" nennt das ganz treffend, 1871, Nr. 14.) NB. ..Das Liebesmahl" wurde am 6. Juli 1843 in Dresden aufgeführt, Ronge's Brief ist datirt: 1. October 1844. Vor diesem Sendschreiben gab es keinen Deutsch-Katholicismus!

Quaseleien. — ..Die abscheulichen Sprachverrenkungen, dialektischen Quaseleien und lächerlichen Alliterationsstudien dieses sogenannten National-Drama's." (II. Dorn, „Berliner Bürger-Zeitung", März 1875.)

R.

Rasaunen. ..Früher rasaunten uns die Zukunftsmusiker die Ohren bis zum Zerspringen voll mit Becken, Tamtam, Triangel und dergleichen schönen Instrumenten." (..Signale", 1865; Bericht aus Weimar.)

Ratte und Rattenkönig. ..Eine kolossale Ratte, ja ein dramatisch-musikalischer Rattenkönig ist Wagner's ‚Meistersinger'-Oper." (II. Truhn, 1870.) — Ein Correspondent aus Carlsruhe schreibt 1860 der ..Deutschen Musik-Zeitung" über das Vorspiel zum „Tristan": ..In der That eine grausenvolle Musik! Der Eindruck lässt sich schwer beschreiben, den dieses chaotische Tongewirre von herzzerreissenden Accorden, dieses Meer von dahin sich wälzenden Dissonanzen ohne einen gesunden melodischen Faden, der das verletzte Ohr einigermaassen wieder versöhnen könnte, dieser Rattenkönig unaufgelöster, sich selbst mordender Tonfolgen auf den verblüfften Zuhörer gemacht haben. So ungefähr mag die Musik lauten, womit in der ewigen **Verdammniss** musikalische Bösewichter zur Strafe gepeinigt werden; wer aber hier schon diese Hölle durchmacht, der mag dort frei ausgehen oder ist wenigstens auf die seiner wartenden Qualen gehörig vorbereitet. Mich ergriff ein unheimliches Grauen, als die dumpfen Schauertöne des Vorspiels meinen armen Kopf*) wie ein Schraubstock einklemmten und folterten, und es war mir zu Muthe, wie wenn Jemand mich an den Haaren eine Leiter hinauf- und wieder hinunterzöge" u. s. w.

Rattenfänger. „O du schlauer Rattenfänger von Bayreuth! Du lockst Alle, die grossen und die kleinen, die klugen und die dummen Kinder." (Fr. Spielhagen, 1874.) Auch Ludwig Hartmann gebraucht im Herbst 1876 dieses Bild, wenn er schreibt: „Wagner hat etwas Fascinirendes, er versteht es, wie der Rattenfänger von Hameln, die rechte Melodie zu blasen."

Reinblech. Angeblich eine volkswitzige Bezeichnung für „Rheingold". (München.) Wurde vielfach colportirt, selbst von Blättern wie der „Salon". (1869.)

Rheingold. — Die Etikette einer Sorte Grüneberger, fabricirt von Ippelberger, à Pulle 4 Sgr. — („Montagszeitung".)

Rein nix. Ein enthusiastischer Verehrer Offenbach's und erbitterter Gegner Wagner's sagte, als er hörte, Offenbach's „Rheinnixen" seien in Vorbereitung: „Rhein-Gold, wie heisst? Rein nix! Warten Sie auf die Rhein-Nix! Ich sag' Ihnen — rein Gold!" (Wien.)

Reklamator, der grösste, der je existirt hat und existiren wird, ist Richard Wagner. (C. Kossmaly, 1872.)

Renegat, so nannte „Echo" (1876, Nr. 1) den Referenten der Wiener „Presse" (E. Schelle), weil er nicht gegen, sondern für Wagner geschrieben.

Richard. Richard der Grosse, der Unfehlbare, der Göttliche! Der unfehlbare Musikpapst. („Signale".) Se. Heiligkeit, Richard der Unfehlbare! Richardus Magnus. Richard I., ihm huldigte spöttisch W. v. Lenz in der „Neuen Berliner Musik-Zeitung". (1870, Nr. 1.) Richard I., der unfehlbare Musik-papst hat sich einen Nibelungen-Vatikan in Bayreuth gegründet u. s. w. u. s. w.

Richardleben. „Düser Doctor Dühring hat enu öntschüdenes Pöch müt dön Wagnör's! Oerst römpelte ör süch müt döm Göh-Heum-Rath Wagnör an; jötzt hat ör süch müt döm Pröfössor Wagnör benm Kragen: schlüsslüch würd ör süch noch müt Rüchardlöben beu dön Ohren krügen. Dann aber: Voe vüctübus!" („Berl. Montagsztg.") NB. Dr. Dühring, Privatdocent

---

*) Hier ist die Vorsilbe „Schaf" zu ergänzen.

Der Setzer.

an der Berl. Universität, hatte zuerst ein Rencontre mit dem Geheimrath Wagener, dann mit dem Professor Wagner.

Risches und **Rosche.** Jüdische Schimpf- und Spottnamen, welche Wagner beigelegt wurden. „Risches Wagner", der Bösewicht Wagner. (Raschah, Bösewicht.) „Der grosse Rosche", d. i. Judenfeind. („Gartenlaube", 1876, Nr. 2.)

Ritter, langhaarige, von der sogenannten Zukunftsmusik nennt Einer die Anhänger Wagner's.

Ritter von der traurigen Gestalt, — s. Don Quixote.

Rohheit. „Der Kaisermarsch ist ein Musikstück von so barbarischer Rohheit, solcher Impotenz in der Erfindung, so schamloser Frechheit in der Anwendung alles erdenklichen Lärmens, dass uns die Ueberschrift als eine Lästerung, die Aufführung vor einem civilisirten Publikum als eine grobe Beleidigung erscheint." (So äusserte sich 1871 ein Münchener Kunstkenner. H. Dorn war sofort damit einverstanden.) — „,Tristan und Isolde' ist das Werk eines Mannes, den wir jetzt weit ab gewahren von künstlerischer, menschlicher Sitte und Natur, der die zauberischen Töne der Musik anwendet im Dienste der Rohheit!" (R. Lienau in seinem „Echo", 1876, Nr. 12.)

Rührbrei, sentimentaler, — nannten Manche in den fünfziger Jahren Wolfram's Lied „An den Abendstern".

Rührei. „Ein Opern-Rührei voller Qualm, Bombast, Schwulst, Willkür ist der ,Rienzi'." („Montagszeitung", 1876, Nr. 1.)

Rülpenthum. „In diesem Siegfried wird das akademische und militärische Rülpenthum gewisser Junker verherrlicht, welche die Köche und Hausknechte todtstechen und den Wirthen Braten und Biergläser an den Kopf werfen." („Würzburger Stechäpfel", 1876, Nr. 35. Nach den Bayreuther Festspielen.)

Rummel. „Die erste Serie der Bayreuther Spektakel, des Wagner-Rummels, ist vorüber." („Wiener Fremdenblatt", 20. August 1876.)

S.

Sandwüste, endlose — die Partitur der „Meistersinger".

Sargdeckel des Zukunftsthema's wurde 1860 das Vorspiel zu „Tristan und Isolde" genannt. („Deutsche Musikzeitung", red. v. S. Bagge.)

In den „Signalen" (1865, Nr. 31, Wiener Skizzen) findet sich folgende Behauptung: „Schon ‚Lohengrin' war le commencement de la fin!"

Satyr. „In dem gemeckerten Schneider-Chor („Meistersinger', III. Akt) entblödet sich Richard Wagner nicht, eine Melodie aus Rossini's Tancred, das bekannte: di tanti palpiti, di tante pene herauszureissen und den grossen Melodiker zu verspotten. Rossini neben Wagner! Wie sagt doch Hamlet? ‚Ein Apoll bei einem Satyr.' Die einzige Cavatine im ‚Barbier': frag' ich mein beklommen Herz, hat ja mehr musikalischen Werth, wie die ganze dickleibige ‚Meistersinger'-Partitur im Ganzen." (Dr. J. Castan, 1870.)

Schafsköpfe. „Wagner als den Gipfel der möglichen Kunstentwickelung proklamiren, ist einfach eine Lächerlichkeit, die wir Leuten überlassen, welchen der Himmel eine genugsam harte Stirn gab, um damit gegen die Ehrentempel der früheren Meister gleich den eisernen Schafsköpfen der antiken Mauerbrecher (aries) anzustürmen." (A. W. Ambros: „Wagneriana", „Neue freie Presse, 1871".)

Schah von Bayreuth. („Neue freie Presse", August 1873. NB. Der Schah von Persien reiste um diese Zeit im Abendlande und sein Name war in Aller Mund.)

Schaute. „Wagner is confuse un beterkelt (verrückt), sowie er macht Musik, mit aanem Wort aane cumpenirende Schaute (Narr)." (Isaac Moses Hersch: „Herr Richard Wagner, der musikal'sche Struwelpeter", 1876.)

Scheusal. „Ein musikalisches Scheusal, eine aus Abgeschmacktheit und Brutalität zu gleichen Theilen gemischte Mixtur ist die Ouverture zum ‚Fliegenden Holländer'." („Deutsche Musikzeitung", Wien, 1861.)

Schiffstaue. „So dick wie Schiffstaue müssen die Gehörnerven sein, will Einer aus dem Lärm einer Wagner'schen Oper heil hervorgehen." (Puschmann, 1872.)

Schmerzenskind, das jüngste, des Münchener Hoftheaters ist „Rheingold". (1869.)

Schnorrer. „Ein grosser Schnorrer ist Rich. Wagner. (R. Wüerst, 1869.)

Schreckenstage. „Frl. Lehmann, eine der Heldinnen und Huldinnen der Bayreuther Schreckenstage, sang die Agathe vortrefflich. („Echo", Nr. 37 vom 14. Sept. 1876.)

Schrecklich. „Die königl. Oper, welche unter der Einstudirung von ‚Tristan und Isolde' transpirirt, wird nächstens wie-

der Rich. Wagner's ‚Meistersinger‘, die schrecklichste aller
schrecklichen Opern, zur Aufführung bringen.“ (‚‚Berliner
Montagszeitung‘‘, November 1875.)

Schulmeister. ‚‚Der zweite Akt der ‚Walküre‘ leidet ausser
durch seine musikalische Dürftigkeit noch besonders an der Manie
Wagner's, bei rein epischen Erörterungen zu verweilen. — —
Es bildet überhaupt die grosse dramatische Schwäche des ‚Nibelungenringes‘, dass uns immer wieder haarklein erzählt wird, was
wir schon wissen. — — Die deutsche Gründlichkeit spielt da
R. Wagner schlimme Streiche; der sächsische Schulmeister
sitzt dem grossen Poeten im Nacken u. s. w.“ (Th. Helm,
‚‚Pesther Lloyd‘‘, 1876.) — ‚‚Die Willenskraft Wagner's muss
jedem Unbefangenen imponiren, und die dämonische Gewalt,
wodurch dieser kleine Sachse mit seinen linkischen, schulmeister-
lichen Manieren Menschen und Dinge zwingt, sich ihm zu fügen,
ist schon an sich geeignet, unser Interesse gefangen zu nehmen.“
(Dr. Castan, August 1876.) — ‚‚Mir kimmt Wagner vor wie aan
Schmetterling in graassen Stulpenstiefeln und fallt mer jedes Mal
ein, so oft ich seh saan oltes Schulmeistergesicht, doss er
gern möcht raasbeissen dörch a Molermütz à la Rubens, dos
berliner Wort: ‚es ginge woll, aber es geht nich‘.“ (Isaak Moses
Hersch: ‚‚Herr Richard Wagner, der musikal'sche Struwelpeter‘‘, 1876.)

Schund. ‚‚Haben Sie Wagner's ‚Meistersinger‘?“ — ‚‚Nein,
solchen Schund angeschafft zu haben, könnte ich niemals ver-
antworten. Hätten wir Geld wegzuwerfen, dann würde ich als
‚abschreckendes Beispiel‘ die Partitur in's Lesezimmer geben‘‘ —,
antwortete der Chef einer deutschen Bibliothek im Jahre 1868.

Schuster, einem solchen traut man eher als Wagner das
endlose, unglaublich schwache Evalied zu, welches Hans Sachs
im II. Akte der ‚‚Meistersinger‘‘ zum Besten giebt. (R. Wüerst,
Berlin, 1870.)

Der Kladderadatsch enthielt 1870 folgende Ansprache:
Hans Sachs an seinen Verarbeiter:
— — — wie Ihr mich habt versohlt,
Daraus erkenn' ich auf's Klarste nun,
Dass Ihr mehr Anlag' habt zu Schuh'n:
Drum wollt bei Eurem Leisten bleiben!

Schusterbuben-Oper nannte das ‚‚Echo‘‘ die ‚‚Meistersinger‘‘.
(1873, Nr. 47. Wahrscheinlich Revanche für die „Ziegen-Oper
Dinorah‘‘ von Meyerbeer.)

Schwabbelhänschen. ‚‚Wagner's kunstphilosophische und
politische Aufsätze verweise ich in das Gebiet, wo Schwabbelhänschen König ist.‘‘ (H. Dorn: Aus meinem Leben, musi-

kalische Skizzen. 1865.) „Wagner hört sich gern sprechen, leider geschieht das in einer Weise, deren Inhaber von ihren sächsischen Landsleuten selber mit dem Epitheton ornans Schwabbelhänschen bezeichnet werden." (H. Dorn, 1865.)

Schwärmer. „Ein eitler, unzurechnungsfähiger Schwärmer ist der Schöpfer der ‚Nibelungen'." (O. Friese, 1874.)

Schwerfällig, gezwungen und steif ist das Talent Richard Wagner's. (Leon Durocher, Paris, 1857.)

Schwimmproduction, grosse, musikalische in einem Tempo nennt St. Heller das „Rheingold". (Artikel im „Karlsbader Sprudel", 12. September 1869.)

Schwindel. „Ich bin auch Wagnerianer, aber was nach ‚Lohengrin' kommt, ist Schwindel!" (Briefliche Mittheilung eines Ungenannten; eine Meinung, von Vielen getheilt. 1875.)

Schwulst. „Jener Schwulst, womit Richard Wagner in seinen musikalischen und literarischen Arbeiten den guten Geschmack verdirbt, und dem sich weibische Seelen nicht entziehen können." („Echo", 1872, S. 41.)

Schwulstig und grass überladen erscheinen alle Wagner'schen Opern; Musik. und Dichtung sind nach dem Urtheile aller Sachkenner an den Haaren herbeigezogen. (1869.)

Seekrank wird man beim Anhören der Ouvertüre zum „Fliegenden Holländer". (Fiorentino, 1860.) — „Etwas Abgeschmackteres als die Diction von Wagner's ‚Rheingold' von der ersten Zeile bis zur letzten kommt schwerlich irgend wo zum Vorschein. Man schaukelt bei der Lectüre dieses poetischen Ungethüms seekrank zwischen Aerger und Lachen." (Ed. Hanslick: Die moderne Oper. 1875.)

Selbstberäucherung und Denunciation, das sind Wagner's Waffen. (A. v. Truhart, 1869.)

Selbstberäucherungsmaschine der Zukunftsmusiker: die „Neue Zeitschrift für Musik". („Berliner Publicist".)

Selbstvergötterung, feierlich bombastische, tadelt W. Lübke an Wagner. (1869.)

Skelett. „Ein Skelett im prächtigen Gewande ist der geräuschvolle und gedankenleere Kaisermarsch." („Echo", 1873, Nr. 18.)

Sophist. „Ein grosser Sophist mit schwacher poetischer wie literarischer Fähigkeit ist Richard Wagner." (P. Scudo, 1861.)

Spektakelmacher, der grösste unseres Jahrhunderts, ist Richard Wagner. (Martin Greif, „Neue freie Presse", Wien, 1874.)

Spektakelschluss. „Der wohlfeile Spektakelschluss, jener geigenumheulte und -umwinselte Pilgerchor, bleibt uns erspart." (Ed. Hanslick, über die „Tannhäuser"-Aufführung in Wien, November 1875.)

Speichellecker der klerikalen Partei wird R. Wagner genannt; auch Schletterer gebraucht den Ausdruck Speichellecker, nach Chrysander ist Wagner ein kriechender Speichellecker. H. Dorn spricht von einem „königl. bayririschen Speichellecker", dagegen lautet ein Photogramm des Wiener „Floh" 1870, Nr. 19:

Richard Wagner ist ein Musikus und Poet dazu,
Es leckt ihm König Ludewig den Staub vom Schuh.

Sprachschnitzer. „Wir möchten aber wol wissen, was an Wagner's Textbuch ‚Der Ring des Nibelungen' national ist? Nicht einmal der Titel, welcher einen argen Sprachschnitzer enthält, da er ja richtig heissen müsste: ‚Der Ring des Nibelungs'." (Ludw. Speidel in seinem Schlussworte über das Bühnenfestspiel. „Wiener Fremdenblatt", 15. October 1876.) Das ist ein ganz neuer Vorwurf! Wahrscheinlich sind bisher auch die Worte „Junge" und „Range" falsch deklinirt worden: man wird beispielweise fortan sagen müssen: „Die Arroganz dieses literarischen Strassenjungs, dieses frechen Rangs ist wirklich unerhört."

Stachelbeeren, unreife; wie diese schmeckte mir die Musik zu den „Meistersingern". (H. Truhn[?], 1870.)

Sterilität, trostlose, des „Lohengrin"! „Die ‚Afrikanerin', die schwächste Schöpfung Meyerbeer's, verhält sich, was Frische und Ursprünglichkeit der Production anbelangt, noch immer zum ‚Lohengrin', wie das gesegnete Indien zu einer nordischen Haide." (O. Gumprecht, 1866.)

Stil, der widerwärtige, verschrobene, in welchem „Oper und Drama" geschrieben.

Streiter, haarbuschige, unter dem Panier des allein seligmachenden Wagner, — so titulirt L. Pietsch die Jünger des Meisters.

Stupend-geistreich, wie Wagner, so schreibt jetzt jeder jüdische Nachtwächter. (E. M. Oettinger, 1869.)

Sturm im Spülnapf. II. F. Chorley, der Nestor der Musikreferenten Londons, wohnte der Generalprobe zum „Rheingold" in München bei und berichtete darüber für das „Athenäum" vom 11. Sept. 1869. Er stimmt im Wesentlichen mit Hanslick überein und sagt am Schlusse seines Artikels: „Niemals fürwahr ist Einem ein solcher Sturm in einem Spülnapfe vorgekommen!"

Sudelwetter. „Selbst bei Richard Wagner wird es schwer halten, so grauliches musikalisches Sudelwetter wiederzufinden." („Wiener Fremdenblatt", Novbr. 1875, über die neue Musik zum „Venusberg".)

Sumpfwasser. „In einem nach andern Principien verfassten Werke würde man sich um das Quintett (‚Meistersinger', III. Akt) gar nicht kümmern. Aber freilich Verdürstende nehmen auch mit einem Mund voll Sumpfwasser fürlieb." (R. Wüerst, 1870.)

Sünde. „Eine der schlimmsten ästhetischen Sünden unseres Zeitalters ist Wagner's Kunstübung." (W. Lübke, 1871.)

T.

Taktstock-Cavalier, im Irrgarten der Selbstüberschätzung umhertaumelnd. (Fr. Tietz, Berlin.)

Talmud-Schnüfflernase. „Auch der namentlich in Berlin gedeihende Wagner-Semite fehlte nicht, der trotz der Angriffe des grossen Musikmonopolisten gegen die jüdische Konkurrenz sowol in dem munter vordringlichen Wesen des Meisters wie in der langen Talmud-Schnüfflernase desselben deutliche Spuren einer früheren Stammesverwandtschaft errathen hat." (D. Spitzer: Ein Tag während der Bayreuther Schreckenszeit. „Neue freie Presse", August 1876.)

Tanne-aux-airs par M. Vagues-Nerfs. Unter diesem Titel brachte das Pariser „Journal amusant", 1861, eine Parodie. Elisabeth wird darin Elisa-bête genannt.

Se tannhauser = sich langweilen; 1861 geflügeltes Wort auf den Pariser Boulevards.

Tendenzreiter ohne äussere und innere Wahrheit ist R. Wagner. (Altonaer Broschüre, 1871.)

Theemaschinen-Effecte. stillsiedende, enthält die Einleitung zu „Lohengrin". („Niederrhein. Musikzeit.", 1860. Stimmen aus Paris.)

Thersites. Ein solcher Thersites, wie kann er es wagen, Mendelssohn, den letzten grossen Deutschen, anzugreifen? („Athenäum", 1869.)

Todsünde, eine grosse, gegen den Genius der deutschen Sprache sind die Texte zu „Tristan" und „Nibelungen". (A. W. Ambros.)

Tödten. „Wir leben in Kriegszeiten! Der sogenannte Reformator sendet uns seinen Ritter Lohengrin. Vom grossen Thurme Bologna's sieht man ihn bereits herannahen, — eilen wir auf die Wälle der Stadt und tödten wir ihn, bevor er sein Ziel erreicht!" („La Fama", Mailand, 1871. Freundlicher Hinweis auf die in Bologna bevorstehende Aufführung des „Lohengrin"!)

Tohubohu. „Diese ohrenmarternde, nervennergelnde, haarwurzeltödtende Musik hat Alles, nur keine Melodie. Der ‚Tannhäuser' ist ein Tohubohu räthselhaft verschlungener Harmonien, aus deren unerforschlicher Tiefe uns das bange Gefühl mitternächtiger Langeweile angähnt." (E. M. Oettinger: Brief an Alex. Dumas, 1860.)

Tollheit. „In dieser Ausdünstung der verwegensten Wagnertollheit" u. s. w. — „Charakteristisch für die Tollheitsgeschwülste, welche die Zukunftsmusik in wirren Köpfen zu zeitigen vermag." (Oscar Blumenthal über E. v. Hagen's „Rheingold-Studie", 1876.)

Tongewinsel. „Ein frostiges, Sinn und Gemüth gleichmässig erkältendes Tongewinsel ist der ‚Lohengrin'!" (O. Gumprecht, 1866.)

Tongewirre. „Ein chaotisches Tongewirre ist der ‚Lohengrin'." („Wiener Sonn- und Feiertags-Courier", März 1876.)

Triste. „In die triste Tristanwoche fallen noch zwei Gastspiele" u. s. w. („Berliner Montagszeitung", April 1876.)

Trivialität. „Ich hatte den sanguinischen Glauben, Wagner werde in seinen späteren Opern das Unmusikalische, Ungesunde, die spiritualistisch-maskirte Trivialität ausscheiden. Das Gegentheil davon ist eingetroffen, jede folgende Oper (nach dem ‚Tannhäuser') Wagner's ist unmelodischer, langweiliger, lärmender und abstruser geworden. Das einfachste Lied Mendelssohn's dringt mehr zu Herz und Seele, als zehn Opern Wagner's à la ‚Tristan und Isolde'." (Ed. Hanslick, 1869.) — Wüst lärmende Trivialität und sentimentale Trivialität sind die beiden Elemente, aus welchen „Rienzi" besteht. (Carl Bauck, Dresden, 1873.)

Trödel. „Die echten Musen sind keusch; keusch, ursprünglich, stolz. Sie verschmähen Toilettenkünste; jede giebt nur sich selbst, keine borgt von der andern. Was sagen Sie zu einem Maler, der den Eindruck seiner Bilder durch bengalisches Licht erhöhen möchte, zu einem — Phidias, der seine Figuren bei Musik zeigte? Und hier? Die Musik im Bunde mit Dekorationsmalerei, Ballet, Pyrotechnik! Und diese mit allem denkbaren Trödel befangene Kokette nennt sich die deutsche, die echt deutsche Muse! Sehen Sie, das empört mich!" (Hieronymus Lorm(?), Wiener „Freie Presse", August 1876.)

Trostlos. „Eine trostlose Musik, wenn überhaupt eine, ist das Vorspiel zum ‚Tristan'." (Ed. Hanslick, 1863.)

Tuba, Trommel und Becken, das sind die Faktoren der Wagner'schen Musik. (Berlin, 1866. Aus einer Rezension über „Lohengrin".)

Tuberkulosen wurden (angeblich!) in Wien die Bläser der neuen Tuben genannt, welche Richard Wagner für die „Götterdämmerung" bestimmt hat. („Allgem. deutsche Musik-Zeitung", 1875, Nr. 12.)

U.

Uebelklinger, der grosse. (Speidel, „Wiener Fremdenblatt", 1872.)

Ueberäugig. — „Wäre die Eva nicht eine überäugige, im Pensionat schon verbildete Person —" (Lienau, im „Echo", 1870.)

Ungeheuer. „Das musikalische Ungeheuer der unendlichen Melodie", entdeckte der „Wiener Sonn- und Feiertags-Courier", 1876.)

Unkenntnisse, an Bornirtheit grenzend, diese Censur ertheilte Jemand dem Dichtercomponisten im Jahre 1869.

Unkraut. „Das Unkraut, das auf Beethoven's Grabe wächst", nannte 1873 ein Londoner Kritiker die Compositionen von Wagner, Liszt und anderen „Modernen".

Unmusikalisch sind bekanntlich 99 Procent der Wagner-Fanatiker. (H. Truhn, April 1872.) „Die Wagner-Fanatiker, von denen bekanntermaassen 99 Procent total unmusikalisch sind." — Unmusikalisch-deklamatorisch wie die der Zukunftsmusiker ist die dramatische Musik der Chinesen. („Signale", 1863.)

Unsinn. hirnverbrannter, herrlich blühender Wagner'scher Unsinn. (1869.) — „Wir sind glücklich fertig mit dem Unsinn und in Deutschland wird er auch nicht lange mehr die Leidenschaften zu erregen im Stande sein." (A. Suttner: Rückblick auf die Ereignisse, „Tannhäuser" in Paris betreffend. „Signale", 1862, Nr. 6.)

Unternehmen. „Das specifisch Wagner'sche Unternehmen — die Aufführung des Bühnenfestspiels in Bayreuth — ist nur möglich in einer Zeit, wo Kunstunfug und Gründungsschwindel in Blüthe stehen und um die Wette auf die Taschen der Thoren speculiren." („Echo", 1872.)

Unterricht in der Satzbildung sollte Wagner bei irgend einem jüdischen Handlungslehrling nehmen. (1869.)

Unverstand, offenbarer, ist die Forderung Wagner's, die Arie aus der Oper zu verbannen. (Arrey v. Dommer, 1863.)

Urbrei, zusammengerührter, nannte Emil Hopffer 1872 die „Meistersinger".

V.

Vampyr-Opern. „Wie es afrikanische Gegenden giebt mit einem wahrhaft mörderischen Klima, so existiren auch Opern, die sich mörderisch gegen die Sänger und Sängerinnen benehmen und deren ruinirender Einfluss sich an denselben über kurz oder lang unerbittlich geltend macht. Zu diesen Vampyr-Opern zählen wir die Wagner'schen Opern." („Berliner Montagszeitung", 1874.)

Vandale. „Wagner, dieser Vandale der Kunst! Er hat keine Idee von Form, seine Inspiration ist roh wie der deutsche Geist, er ist ein tobendes Gespenst der Unterwelt, der vom Schönen keinen Begriff hat. Er donnert an unsre Ohren heran, ohne Rhythmus und ohne Verstand. Ein wildes Mixtum-Compositum von Messing, Holz und Katzendärmen, hat er keinen Funken von Genie." (Aus dem amerikanischen Blatte „Touchstone", 1876.)

Verabscheuungswürdig. „Die Werke, die ich gesehen, sind verabscheuungswürdig im Ganzen; man kann sie auf keiner Bühne der Welt aufführen, weil sie eben bühnenwidrig sind. — — Das Unternehmen von Bayreuth ist zum Tode verurtheilt. — — Das grosse Talent Richard Wagner's achte ich eben so, wie ich den Mann verwünsche. — — In dem entsetzlich langweiligen Werke, das ich angehört habe, giebt es einige so schöne Bruchtheile" etc. (Albert Wolff im Pariser „Figaro" über die Festspiele in Bayreuth, 1876.)

Verranntheit, phantastische, entdeckte man 1869 an Wagner.

Versemacher, mittelmässiger. „Deutschland hat wirklich eine so grossartige Literatur, dass ich nicht begreife, wie es nicht in Lachen ausbrechen muss über die Werke eines so mittelmässigen Versemachers. Wagner's Poesie ist eine unverdauliche Lectüre. Sie verhält sich zu der bewunderungswürdigen Einfachheit des Nibelungenliedes, wie ein Tombakring aus einer Trödlerbude zu einer ciselirten Arbeit des Benvenuto Cellini!" (Albert Wolff im Pariser „Figaro", 1876, über die Festspiele in Bayreuth.)

Verunglückt und verfehlt sind Dichtung und Composition der „Meistersinger". („Allg. Musik. Zeitung", 1868, Nr. 28.)

Viehmagd-Cavallerie der Walküren! („Süddeutsche Presse", 1872.)

Viehstall. „Neben dem Riesenwurme Fafner baumelte allerhand fabelhaftes Gethier, Drachen, Widder, fliegende Pferde, sprechende Waldvögel, ich möchte sagen der ganze mythologische Viehstall, dem der Meister den bekannten melodischen Conversationston abgelauscht hat." („Neue freie Presse", 12. August 1876.)

Volksverführer, als solchen hätten die alten Athener einen Künstler wie Wagner ausgewiesen. (II. Dorn, „Spener'sche Zeitung", 1873.)

W.

Wagner I. „Se. Majestät Wagner I. haben soeben einen renitenten Bühnen-Minister zu 6 Monaten schwerem Rheingold verurtheilt. Der Unglückliche soll sich aus Furcht vor der schrecklichen Strafe das Leben genommen haben." („Berliner Montagszeitung", 6. September 1869.) — „Die General-Intendanz der königl. Schauspiele erlässt folgende Bekanntmachung: Niemand ist verpflichtet, die ‚Meistersinger' zweimal zu hören, da die Todesstrafe abgeschafft ist." („Montagszeitung", 4. April 1870.) — „Ein Verbrecher, dem mildernde Umstände nicht zur Seite standen, wurde zu drei Mal Meistersinger verurtheilt." („Montagszeitung", 11. April 1870.)

Wagnernarren wurden die Verehrer des Meisters oft genug gescholten!

Wagneropsie. *) epidemischeste; ihr Schauplatz war Wien im Mai 1872. (Wagner-Concert daselbst; s. „Signale", Juni 1872.)

Wagner nono, Pendant zu Pio nono. („Tribüne", Berlin, Februar 1873.)

Wagnersüchtigkeit ist die allerbedenklichste Erscheinungsform der Musiksüchtigkeit. („Signale", Juni 1872.)

Wahnfritze, Wahnfriederich; Bezeichnungen der „Montagszeitung", 1874, als die Inschrift des Wagnerhauses in Bayreuth bekannt wurde. Diese Inschrift lautet bekanntlich:

Hier, wo mein Wähnen Frieden fand,
Wahnfried sei dieses Haus von mir benannt.

Wahnsinn. Travestie der Wagner'schen Inschrift:
Wo Wahn nur Sinn im Unsinn fand,
Ward Wahnsinn Wagner's Heim genannt:
„(Montagszeitung", Juni 1874.)

Wahnsing. Als Richard von Wahnsing figurirt Wagner in der Posse: „Die Meistersinger oder das Judenthum in der Musik" von Franz Bittong, 1869.

Wahnsinnig. „Des Hirten wahnsinnige Fantasie auf der Schalmei, ein Virtuosenstück für einen im maison de santé **) eingesperrten englischen Hornisten." (H. Dorn, über das Vorspiel zum 3. Akte des „Tristan", 1876.)

Wahntruppe. „Komm du hervor, du Bringer süsser Freuden, Wantrup der Wahntruppe, du Clown des isländischen Nationalfestspiels" u. s. w. (H. Dorn, Recension eines Buches von Nohl; „Neue Berliner Musikzeitung", 1876.)

Walther von der Pfingstweide nennt Riehl in seiner „Hausmusik" (Geleitsbrief des Tonsetzers, 1855) den Componisten des „Tannhäuser".

Wasserdroschke nennt Dorn die schwangezogene Gondel, in welcher Lohengrin erscheint.

Wasserpest. ***) „Wagner ist in des Wortes verwegenster Bedeutung einer Art von moralischer Wasserpest zu vergleichen." (Dr. Castan, „Frankfurter Zeitung", 1874. Bericht über „Tristan und Isolde" in Weimar.)

---

*) Wahrscheinlich eine Schwester der Hydropsie, d. i. Wasserscheu.
**) Eine Irren-Heilanstalt in Schöneberg bei Berlin.
***) Elodea canadensis, aus Amerika stammend, bekanntes Unkraut in stehenden und langsam fliessenden Gewässern.

Waten. „Ein stundenlanges, qualvolles Waten in öder, trockener Wüste" nennt L. Pietsch 1873 die „Meistersinger". („Danziger Zeitung", November 1873.)

Wechselbalg. „Ein musikalischer Wechselbalg sind die ‚Meistersinger'." (Mand in der „Didaskalia".)

Wehrwolf der Zukunftsmusik wurde — nach seiner eigenen Versicherung — Dr. Filippi, der Wagner-Apostel, in Italien genannt.

Wespe, — Natter, Schmarotzerfliege etc. etc.

Wigalaweia. „Das Wigalaweia-Wahnsinns-Walten hat fast die ganze Presse ergriffen, die Atmosphäre schwirrt von Lobgesängen" u. s. w. (O. v. Leixner i. d. „Berliner Börsen-Zeitung", 22. August 1876.)

Winkelpedant. „Wir erklären, dass das französische Publikum sehr wohl daran thut, sich gegen die lächerliche Tyrannei eines Dutzends Possenreisser zu empören, welche einer Nation, die Männer wie Rameau, Herold, Auber, die leuchtendsten Genies der Musik, hervorgebracht hat, Bewunderung für das kakophone Knirschen, Miauen, Kreischen und Heulen aufzwingen wollen, aus denen die Werke des Herrn Wagner zusammengesetzt sind, eines Winkelpedanten, der sich in Deutschland Renten macht, indem er Verachtung für unser Vaterland zur Schau trägt." („La Presse", Paris, November 1876; nach dem Skandal im Concert Pasdeloup, am 29. October 1876.)

Wirrwarr, musikalischer, ohrzerreissender: die „Meistersinger"! „Jeder Dilettant kann einen ähnlichen Wirrwarr hervorbringen, wie Wagner in seinen ‚Meistersingern' mehrfach gethan." (R. Wüerst, Berlin.) — Ein bizarrer Wirrwarr ist nach Truhn das Lenz- und Liebeslied Siegmund's in der „Walküre". (1873.)

Wirrwerk. „Richard Wagner hat mit den Lorbeeren von 15000 Mark — der für den Bayreuther Festspielfonds bestimmten Einnahme der ersten Aufführung seines Wirrwerkes ‚Tristan und Isolde' — Berlin und seine Baronin Mäcenase verlassen." („Montagszeitung", März 1876.)

Wischiwaschi. „Ein dramatisches Wischiwaschi ist das Textbuch zum ‚Tannhäuser'." (Dr. Kalischer, 1872.)

Wölfe der neudeutschen Richtung nennt „Echo" (October 1872) die Anhänger Wagner's.

Wolfsschlucht, Nürnberger; als solche bezeichnet Hanslick das Vorspiel zu den „Meistersingern". — „Der ‚Tristan' ist eine

Wolfsschlucht der Liebe" sagt L. Ehlert in der „Deutschen Rundschau", 1876.

Wortgeklingel, daraus besteht der Text zum „Rheingold". (1869.)

Wortklingelei, blödsinnige. „Selbst der Dichter-Componist Wagner ist von der poetischen Sprache im ‚Tannhäuser' wieder zu einer manchmal geradezu blödsinnigen Wortklingelei übergegangen." („Berliner Tageblatt", 1875.)

Wortkram, verwurzelter: Text zum „Rheingold". (1869.)

Wüst. „Ein wüstes Tongedicht sind die ‚Meistersinger'." („Berliner Montagszeitung", 1873.)

Wüsten. „Das Gemüth zu ersättigen vermag allein der Segen der Melodie. Nimmermehr werden wir uns deshalb geborgen fühlen in den deklamatorischen Wüsten des ‚Tannhäuser' und ‚Lohengrin'." (Gumprecht, Berlin 1871.) ·

Wuth. „Berserkalische Wuth überfiel den Dichtercomponisten und deshalb schrieb er gegen die Juden." (1869.)

Z.

Zuchthausstrafe. „Wagner's Musik hören müssen, kommt gleich hinter der Zuchthausstrafe." (R. Wüerst, 12. Juni 1867.)

Zuchtlos. „Ein zuchtloses Product wie ‚Tristan und Isolde' —" (R. Lienau, „Echo" 1876, Nr. 13.)

Zukünftlich infizirt nennt Richard Wüerst das freundliche Weimar!

Zukunfts-Amazonen, scilicet Mimicosikati's, als solche brandmarkt Herr Rob. Lienau![*] die Frauen: Baronin Marie von Schleinitz, Cosima Wagner und Kathi Eckert. („Echo", 1876, Nr. 13.)

Zukunftskomponirer. „Haydn's B-dur-Symphonie, das ist unvergängliche Musik und wohlgeeignet, als Balsam auf uns von Zukunftskomponirern moralisch zugefügte Arm- und Beinbrüche zu dienen." (H. Mendel, „Echo", 1871, Nr. 11.)

Zukunfts-Kralle. In einer Mittheilung aus Wien, „Signale", 1860, S. 557, heisst es anlässlich der Aufführungen des „Fliegenden Holländers": „Die Musik trägt allerdings noch einige Züge des

---

[*] „Wie denken Sie über Lienau?" — Echo: — au!!

Der Setzer.

antiquirten Operngeschmacks, allein unter dem Sammt ist bereits die Zukunftskralle sichtbar."

Zukunftsmusik. Dieses geflügelte Wort soll von dem verstorbenen Professor Ludwig Bischoff, weil. Redacteur der „Niederrheinischen Musikzeitung" (1850—67) und Referent der „Kölnischen Zeitung", herrühren. Möglich, dass er es zuerst in dem gehässigen Sinne gebraucht hat, den die Welt noch bis in die neueste Zeit damit verknüpft. Die tröstliche Hoffnung auf eine kommende Zeit der Anerkennung hat jedoch unzähligen Neuerern, mochten sie nun Umsturz oder Reformation auf ihre Fahnen geschrieben haben, oder nützlichen Erfindungen und wichtigen Entdeckungen nachgehen, die Last des Daseins erleichtert. Nicht nur die Uebelthäter, sondern auch die Wohlthäter der Menschheit verfolgt man, und wer es wagt, die breite Heerstrasse der Mittelmässigkeit zu verlassen, um eigene Wege zu wandeln, an dessen Fersen heftet sich eine erbarmungslose Meute. Wagner hat den Leidenskelch eines in Deutschland gebornen Genie's bis zur Hefe kosten müssen. Das Genie ist immer eine Beleidigung für den Durchschnittsmenschen, in Deutschland wird es unter die schwersten Injurien gerechnet, wenigstens von tausend tonangebenden Schreiern so behandelt. Der Leidende und seine Freunde erwarten dann zuversichtlich, es werde die Dornenkrone des Märtyrers sich einstmals in den Lorbeer des Siegers verwandeln. Als im Jahre 1830 eine Jugendarbeit Wagner's — derselbe stand damals im 18. Lebensjahre — im Leipziger Gewandhause zur Aufführung gelangte und das etwas verblüffte Publikum den kopfschüttelnden Orchestermitgliedern beistimmte, da schon tröstete H. Dorn den etwas niedergeschlagenen Kunstjünger „mit der Zukunft". In Schumann's Gesammelten Schriften, und zwar unter den Aufzeichnungen Florestan's, Band I, S. 46. wird man die Bemerkung aus dem Jahre 1833 finden: „Eine Zeitschrift für zukünftige Musik fehlt noch!" Hiller's Oratorium: „Die Zerstörung Jerusalems" kam am 2. April 1840 in Leipzig zur Aufführung. Rob. Schumann sagt in seiner Beurtheilung: „Vom ‚Paulus‘ unterscheidet sich das Oratorium wesentlich; es neigt sich mehr nach der Zukunft hin." Als Wagner im Jahre 1844 nach Berlin kam, um die Proben zu seinem „Fliegenden Holländer" zu überwachen, lernte er zwei Menschen in der grossen fremden Stadt kennen, einen Mann und eine Frau, welche der Eindruck des eigenartigen Werkes ihm zugeführt hatte, von ihnen empfing er — nach seiner eigenen Aussage — „die erste bestimmte Genugthuung und Aufforderung für die eingeschlagene Richtung". Diese beiden ältesten Mitglieder der Wagnergemeinde in Berlin waren Carl Gaillard und seine Frau, der Erstere starb 1851, die Letztere lebt noch. Gaillard gründete und redigirte die „Berliner musikalische Zeitung", die

Vorgängerin der „Neuen Berliner Musikzeitung". Die vier Jahr-
gänge, welche unter seiner Leitung erschienen sind, umfassen den
Zeitraum von 1844 — 47. Das genannte Blatt ist sehr selten
geworden, ich sah bisher nur ein vollständiges Exemplar in der
königlichen Bibliothek, das meinige enthält leider einige Lücken.
Gaillard ist der erste Berliner gewesen, der für Wagner mit
seiner gewandten Feder feuereifrig eintrat. Vor dreissig Jahren
gehörte dazu ein kühner Mann. Die Bemerkung Burney's aus
dem Jahre 1772, dass schon seit langer Zeit verschiedene
Berliner Musiker bemüht seien, die Welt in ihrem Laufe zu hemmen
und zum Stillstehen zu bringen", beweist klar, dass die Losung
unserer Kritik von jeher „immer zuruck!" geheissen hat. Hans
von Bülow durfte 1856 über „die bekannte geistige Myopie der
Berliner Kritik" spotten — und es ist noch in diesem Augenblicke — obgleich in den letzten zwanzig Jahren sich Vieles
geändert hat — eine ziemlich gewagte Sache, für das Neue,
speciell für Wagner, ohne Floskeln und Clauseln, also sans
phrase in die Schranken zu treten. Wer aus der Schule schwätzen
wollte, der könnte hübsche Dinge erzählen! Gaillard besass den
nöthigen Muth und er hat ritterlich gekämpft für den genialen
Freund, für den Störer des öffentlichen musikalischen Friedens.
Er hat auch — ganz zufällig — das Seinige beigetragen, um die
Idee „zukünftiger Musik" unter die Leute zu bringen. Das war
so. In Nr. 24 des Jahrganges 1847 findet sich eine Notiz über
Berlioz, welcher zu jener Zeit bemüht war, als Componist in
Deutschland be- und anerkannt zu werden. Gaillard scheint etwa
dieselbe Empfindung gehabt zu haben, wie Robert Schumann, der
einmal behauptete, man wisse nicht recht, ob Berlioz ein Genie
oder ein Abenteurer sei. Genug, der Berliner Redacteur war
dem Pariser Compositeur nicht eben grün. Das leuchtet aus jeder
Zeile der nachstehenden Bemerkung hervor: „schafft sich Herr
Berlioz ein eigenes Orchester an, so mag er dirigiren, soviel es
ihm beliebt, und seinen musikalischen Hokuspokus, genannt ‚die
neue Musik' oder ‚die Musik der Zukunft', treiben." Die
Anführungszeichen lassen beinahe den Schluss zu, dass bereits im
Jahre 1847 diese Bezeichnungen in musikalischen Kreisen ver-
breitet waren. Unter Zukunftsmusikern verstand man damals
Chopin, Liszt, Berlioz; als Oberster dieser „Schwefelbande" galt
Liszt. In einer Broschüre von H. Gottwald — sie erschien 1859
— findet sich die Notiz: „vor 15—20 Jahren galt Liszt für den
Chef der Zukunftsmusik". Später kam Schumann hinzu und der
Pole schied aus; Chopin und sein „Unsinn", wie Rellstab in den
dreissiger Jahren sich einmal ausdrückte, waren mittlerweile von
dem hochgeehrten Publikum und seinen kritischen Berathern
gütigst anerkannt worden. Als Robert Schumann es endlich auch

so weit gebracht hatte, ersetzte ihn Richard Wagner; in der Proscriptions-Liste figurirten dann lange Zeit die Herren Liszt, Berlioz, Wagner als höllisches Triumvirat. Wer einige Tage in Weimar zubrachte oder sich vorübergehend in Zürich aufhielt, kam stets in den Verdacht, auch so ein Zukunftsmusiker zu sein. Dem Unschuldigsten gelang es nicht immer, den Schein zu meiden. Sogar Brahms und Josef Joachim wurden einstmals zur Partei gerechnet! Im April 1860 meldete Kossak's „Montagspost" aus Berlin: „Im Schoosse der sogenannten zukunftsmusikalischen Partei scheint es zu ernsten Zerwürfnissen gekommen zu sein. Unter den Tonkünstlern hiesigen Ortes circulirt nämlich eine Adresse der Herren Brahms, Joachim und Grimm an ihre Kunstgenossen, worin sie jener Partei einen förmlichen Absagebrief schreiben und die Musiker ersuchen, sich ihnen anzuschliessen."

Liszt, Berlioz und Wagner bilden also in jener Zeit das zukunftsmusikalische Dreigestirn. Der Franzose verscholl allmälig, er blieb im Lande und plagte sich redlich, sein Name verschwand mehr und mehr aus den Spalten der Tagesliteratur und die Zukunftsmusik wurde lediglich durch Liszt und Wagner repräsentirt. Im Wesentlichen befinden wir uns heute noch auf diesem Standpunkte.

Im Jahre 1850 erschien Wagner's Schrift: „Das Kunstwerk der Zukunft", dann (wann und wo?) fixirte Bischoff den Begriff Zukunftsmusik. Dem Titel eines Buches verdanken wir muthmaasslich die Entdeckung des Gespenstes der Zukunftsmusik. Franz Liszt schliesst seinen Brief über das Karlsruher Musikfest (1853) mit den Worten: „Nehmen wir den Fehde-Handschuh ohne Unruhe und Sorge auf und beharren wir im Bewusstsein unseres guten Rechtes — und unserer Zukunft." Wagner und seine Anhänger adoptirten in jovialer Laune den Spottnamen und der Meister veröffentlichte 1861 unter dem Titel: „Zukunftsmusik" seinen bekannten Brief an einen französichen Freund. (Er ist datirt: Paris, im September 1860.) Das Höhnen und Witzeln dauert nun schon beinahe ein Vierteljahrhundert die „Zukunftsmusik" ist zum geflügelten Worte geworden, das in keiner Auflage des „Büchmann" fehlen darf. Die „Wiener deutsche Musikzeitung" sprach 1861 spottend von „zukunftslosen Musikern der Zukunft" und eine unserer letzten Dichterinnen, Frau oder Frl. Meta Wellmer, reimte 1871 folgendes Impromptü gegen die verhasste Zukunftsmusik:

Der Zukunft Musik dereinst oben
Wird hoffentlich anders sein;
Sonst möcht' ich nach hiesigen Proben
Nicht in den Himmel hinein.

Na, denn nicht, liebe Frau!

Ein Franzose sagte, er wisse nun — nach Anhörung von „Tristan und Isolde" — warum diese Musik „musique de l'avenir" heisse: „car on croit toujours que ça va venir".

Aus dem Jahre 1859 habe ich mir folgendes Verdammungs-urtheil des Kölner Musik-Bischoff's notirt: „All' die Ungegohren-heit, der Schwindel, all' die Eitelkeit, all' die Selbstbespiegelung, all' die Trägheit, der Zukunft zuzuschieben, was man selbst leisten müsste, all' die Hohlheit und Saalbaderei der ästhetischen Schwätzer — wie schön fasst sich das Alles in dem Einen Worte ‚Zukunftsmusik' zusammen!" („Niederrheinische Musik-zeitung", 1859, Nr. 41.) — „Die Zukunftsmusik ist eigentlich nur unbeschreiblich komisch." (L. Ehlert.) Das klingt schon milder.

Zukunfts-Componist, der hochweise, — Zukunfts-Musiker, der famose, — Zukunftsmusikus, der brutale, u. s. w. u. s. w. Sine gratia in infinitum.

Zukunfts-Nachtwächter-Meistergesang nennt Fr. Tietz — der bekannte Berliner Ballet-Referent — die „Meistersinger", 1873.

Zukunfts-Rossnatur. Einer solchen bedarf es nach L. Poyssl's Versicherung, um nicht zum Gegenwartsopfer für Wagner's Zukunftshoffnungen zu werden. („Allg. deutsche Musikzeitung", 1875, Nr. 36.)

Zukunfts-Patronatien.
    Ach, nach Zukunfts-Patronatien
    Möcht' ich mit betäubten Grazien,
    Wo der Nerv zu Scherben klirrt,
    Wo der Lorbeer, hoch und schattig,
    Nickel trägt — und die Grammatik
    Stumm an's Kreuz geschlagen wird!
(„Berliner Montagszeitung", 17. April 1876.)

Zukunfts-Zappel-Polka, von Strauss componirt und zu Ehren Wagner's „Ritt der Walküren" genannt, — eine Cotillon-Tour. („Signale", 1863, S. 173.)

Zwerg. „Ein Zwerg auf den Schultern Gluck's ist Richard Wagner." („Montagszeitung", September 1874.)

Zwittergeschöpfe, wunderbare, sind „Lohengrin", „Tristan", „Nibelungen", in Gedanken zauberhaft ansprechend und mondbeglänzt, aber eines immer etwas poetisch verzweifelter als das andere, roher und gewaltsamer in der Mache, zuletzt das reine Stroh. („Didaskalia", 1872, Nr. 213.)

Verlag von E. W. Fritzsch in Leipzig.

Bücher und Schriften.

Dr. Carl Fuchs.

Präliminarien zu einer Kritik der Tonkunst. Philosophische Dissertation. 1871. 72 Blatt in 8° u. U. 2 M. 40 Pf.
Virtuos und Dilettant. Ideen zum Clavier-Unterricht und über reproductive Kunst. Mit Noten-Beilage. Zweite vermehrte und veränderte Auflage. 1871. 34 Bl. in 8°, 2 Blatt Noten-Beilage u. U. 1 M.

W. Langhans.

Die Königliche Hochschule für Musik zu Berlin. 1873. 28 Bl. in 8° u. U. 1 M.

Friedrich Nietzsche,

ordentl. Professor der classischen Philologie an der Universität Basel.

Die Geburt der Tragödie aus dem Geiste der Musik. 1872. Velin. 76 Bl. in 8° u. U. 3 M.

Dr. Alfred Pringsheim.

Richard Wagner und sein neuester Freund. Eine Erwiderung auf Herrn Gotthelf Häbler's „Freundesworte". 1873. 28 Bl. in 8° u. U. 60 Pf.

Erwin Rohde,

ao. Professor der class. Philologie an d. Univ. Kiel.

Afterphilologie. Zur Beleuchtung des von dem Dr. phil. Ulrich von Wilamowitz-Möllendorff herausgegebenen Pamphlets: „Zukunftsphilologie"! Sendschreiben eines Philologen. 1872. 24 Bl. in 8° u. U. 60 Pf.

Richard Wagner.

Beethoven. 2. Auflage. 1870. Velin. 40 Bl. in 8° u. U. 1 M. 50 Pf.
Ueber die Bestimmung der Oper. Ein akademischer Vortrag. 2. Auflage. 1871. Velin. 22 Bl. in 8° u. U. 1 M.
Ueber die Aufführung des Bühnenfestspieles: Der Ring des Nibelungen. Eine Mittheilung und Aufforderung an die Freunde seiner Kunst. 1871. Velin. 10 Bl. in 8° u. U. 50 Pf.
Ueber Schauspieler und Sänger. 1872. Velin. 44 Bl. in 8° u. U. 1 M. 50 Pf.
Das Bühnenfestspielhaus zu Bayreuth. Nebst einem Berichte über die Grundsteinlegung desselben. Mit sechs architektonischen Plänen. 1873. Velin. 15 Bl. in 4°, 6 Bl. Pläne u. U. 1 M. 50 Pf.
Gesammelte Schriften und Dichtungen. Neun Bände. 1871—1873. Ein completes Exemplar (Bd. 1—9) broch. 43 M. 20 Pf., geb. 54 M. Ein einzelner Band broch. 4 M. 80 Pf., geb. 6 M.

Inhaltsverzeichniss gratis.

Verlag von **E. W. Fritzsch** in Leipzig.

Musikalisches Wochenblatt.

Organ für Musiker und Musikfreunde.

Verantwortlicher Redacteur: **E. W. Fritzsch.**

Wöchentlich eine Nummer von 12 Seiten in Quart.

Abonnementspreis:
jährlich 8 M., vierteljährlich 2 M.

Freisinnige und fortschrittliche Tendenz,
tüchtige Mitarbeiter,
wissenschaftliche Gediegenheit seiner zahlreichen leitenden und
belehrenden Aufsätze, Recensionen und biographischen
Charakteristiken,
gut gewähltes Feuilleton,
Neuheit und grösste Reichhaltigkeit des tagesgeschichtlichen
Stoffes

(Musikbriefe und Correspondenzen, kürzere Mittheilungen
und Notizen über alle bemerkenswerthen Vorkommnisse der
musikalischen Welt, *stehende* und in g l e i c h e r Vollständigkeit
nirgends gebotene Rubriken für *Engagements* und *Gastspiele,*
für *Kirchenmusik-, Opern-* und *Novitätenaufführungen,* sowie
für *Neuigkeiten* des *Bücher-* und *Musikalienmarktes, Angaben*
von *offenen Stellen* für Musiker, *zahlreiche Insertionen* künstlerischen und geschäftlichen Inhaltes),

künstlerisch ausgeführte Portraits zu den Biographien,
Facsimiles interessanter Handschriften, sowie Abbildungen monu-
mentaler Gegenstände von allgemein musikalischem Inter-
esse etc. und
billigste Abonnementsberechnung

zeichnen das „Musikalische Wochenblatt" in hervorragender
Weise aus, und wird ein

Vergleich desselben mit jeder anderen Musikzeitung

stets zu dessen Gunsten ausfallen.

☞ **Bestellungen** auf das „Musikalische Wochenblatt",
sowie auf **gratis** zu erlangende **Probenummern** werden durch jede in-
und ausländische *Buch-, Kunst-* und *Musikalienhandlung,* jedes *Postamt,*
sowie die *Expedition dieses Blattes selbst* — in letzterem Falle direct
und unter besonderer Berechnung des Postportos — ausgeführt.